난임 스트레스를 맛있게 요리하다

감정 회복 레시피

황혜련

난임 스트레스를 맛있게 요리하다

감정 회복 레시피

황 혜 련

도서출판 디자인21

✲ 추천사

이 책을 읽으면서 난임 여성들의 속울음 소리를 듣는 느낌이었습니다. 현장에서 난임 여성들을 만나며 그들의 목소리를 담아내고, 아픔을 읽어 내는 상담자의 따뜻한 마음이 전해져 가슴 뭉클한 경험을 했습니다. 특히, 난임 여성들이 자신의 감정을 보다 건강하게 표현하고, 불안을 조절하며, 심리적 회복을 이루어갈 수 있도록 구체적이고 적절한 guideline을 제공한 것에 감사함을 전합니다.

최근 저출산 문제가 사회적 관심사로 떠오르면서 난임 여성들을 위한 의료적·사회복지적 지원이 점차 확대되고 있습니다. 그러나 정작 이들이 겪는 심리적 고통과 정서적 어려움은 여전히 남아 있어, 난임 여성들의 정서적 스트레스에 대한 체계적인 접근은 간과되고 있는 실정입니다. 이 책은 난임 여성들에게 실질적인 도움을 제공할 뿐만 아니라, 그들의 가족과 의료·상담 전문가들에게도 난임 여성의 심리를 보다 깊이 이해하고, 그들이 필요로 하는 정서적 지원을 효과적으로 제공할 수 있도록 돕는 실용적인 지침서가 될 것입니다.

이 책이 난임의 문제를 바라보는 사회적 인식의 전환을 불러일으키는 계기가 되기를 바라며, 마음의 회복이 필요한 난임 여성들과 그들의 심리적 복지를 고민하는 모든 분들께 이 책을 추천합니다.

김선영

성균관대학교 교육대학원 강사
김포아라심리상담센터 대표

✲ 추천사

난임이라는 길을 걸어본 사람만이 알 수 있는 깊은 감정들이 있습니다. 어디에도 쉽게 털어놓기 어려운 외로움, 아무리 애써도 바뀌지 않는 현실 앞에서 느끼는 좌절감. 이 책은 그러한 감정을 누구보다도 잘 이해하는 저자가 자신의 난임 경험과 상담을 통해 마주한 수많은 여성들의 이야기를 담아 쓴 치유의 기록입니다.

난임을 겪는 여성들에게 가장 필요한 것은 단순한 의학적 정보나 성공적인 극복 사례가 아니라, 그 과정에서 겪는 복잡한 감정을 이해하고 다독이는 심리적 돌봄입니다. 이 책은 바로 그러한 필요를 충족시키며, 단순한 위로를 넘어 심리학적 근거에 기반한 상담 사례와 실질적인 감정 조절법을 제시합니다.

특히 감정 카드를 활용한 연습, 감정 일기 작성법,

불안 관리법 등 혼자서도 적용할 수 있는 구체적인 실천법이 담겨 있어, 상담이 어려운 상황에서도 스스로를 돌보고 건강한 마음을 유지할 수 있도록 돕습니다. 또한, 난임 여성뿐만 아니라 가족과 친구들에게도 의미 있는 가이드를 제공하며, 난임에 대한 사회적 인식 개선에도 기여할 것입니다.

마치 따뜻한 요리를 만들 듯이, 저자는 난임의 과정 속에서 느끼는 감정들을 섬세하게 다루고 있습니다. 이 책을 통해 난임으로 인한 감정의 소용돌이를 마주하고, 내면의 상처를 치유할 수 있는 힘을 얻길 바랍니다.

난임으로 지친 마음을 다독이고 싶은 모든 분들께, 진심을 담아 이 책을 추천합니다.

이희선

임상심리사
인천권역 난임 · 임산부심리상담센터 팀장

✩ 시작하는 말

소망을 품다

2024년 9월, 오랜 항암 치료로 힘들어하시던 사랑하는 아버지를 천국으로 보내드리고, 힘들 때마다 제 마음을 위로해 주었던 제주 법환포구를 찾았습니다. 그는 여전히 변함없이 지친 저를 받아 주었고, 저는 그의 변함없음에 위로가 되었습니다.

그날따라 석양이 유난히 맑고 선명했습니다. 점점 벌겋게 타들어 가는 태양을 바라보며, 잠시 생각에 머물렀습니다.

나는 지친 누군가를 변함없이 받아 준 적이 있었나?

누군가에게 위로가 되는 사람이었던 적은 있었을까?

잠시 후, 열정을 다해 자신을 불태운 태양은 한 점이 되어 바다로 몸을 던졌습니다. 바다는 뜨거움을 참아내며 그를 기꺼이 품어주었습니다. 어느새 하늘과 바다가 한 몸이 되어 온 세상을 빨갛게 물들이고 있었습니다.

그 순간, 나도 저 바다처럼 누군가의 아픔을 있는 그대로 품어줄 수 있는 사람이 되고 싶다는 생각이 들었습니다. 온몸이 타들어 갈 만큼 지친 마음을 이끌고 찾아온 그를 변함없는 모습으로 안아주는 사람, 그 지친 마음을 기꺼이 품어주는 그런 사람, 그런 상담자가 되고 싶다고.

그다음 날, 제주의 아픈 역사를 말없이 품고 있는 북촌리 마을로 갔습니다. 너븐숭이 4.3 기념관과 북촌 초등학교 당시, 북촌 국민학교, 작은 북촌포구, 그리고 북촌리 마을 구석구석을 걸으며, 이 작은 마을이 감당해 온 아픔을 조용히 들여다보았습니다. 너무나 잔인하고, 흉흉했던 그날의 아픔을 품고 있기에는 안쓰러울 만큼 아주 작고 힘없는 마을이었습니다.

누가 보기에도 부족하고, 아무 영향력 없는 나도 이렇게 누군가의 아픔을 오랫동안 품을 수 있을까?

7일간의 제주와의 만남을 마치고, 집으로 돌아오는 하늘 위에서 법환포구의 변함없는 품과 북촌리 마을의 우직한 인내를 닮은 상담자가 되고 싶다는 소망을 품었습니다. 그 소망의 첫걸음으로, 지금까지 만나온 난임 여성들의 이야기를 책으로 담아내기로 했습니다.

난임難妊의 마음으로

"난임 여성 주제로 논문 한 번 써 보세요.

책도 써 보면 더 좋고요."

지난해 봄, 난임·임산부심리상담센터에서 상담사로 일을 하면서 많은 난임 여성과 만나고 있을 때였습니다. 저의 상담 수퍼바이저이신 김선영 교수님께서 제게 제안을 해주셨습니다.

상담을 하며, 많은 난임 여성이 '난임, 그 하나만으로 버거운 삶'을 살아가고 있다는 것을 가까이에서 지켜보았기에 교수님의 말씀이 마음에 깊숙이 박혔나 봅니다. 이른 여름에 시작한 논문 연구에 이어 다음

해 봄, 책을 완성하기까지 오직 이 두 가지만 바라보며, 한걸음에 달려왔습니다.

어느 날 문득, 저 자신에게 궁금해졌습니다.

필력이 있는 것도, 그렇다고 심리상담학에 해박한 지식이 있는 것도 아닌 내가 어떻게 이 길을 달려올 수 있었을까? 도대체 이 힘은 어디에서 왔을까?

함께 연구했던 선생님이 큰 힘이 되었을 테고, '논문 잘 쓰고 있느냐'며 잊지 않고 물어봐 주셨던 교수님의 관심도 힘이 되었겠지?

어쩌면, 반백 년을 살아오면서 단 한 번의 착상 경험도 해 보지 못한 내가 품었던 '난임의 마음' 때문은 아니었을지.

난임의 삶으로

저는 오랜 기간 난임 여성으로 살아왔습니다. 그 삶을 오롯이 홀로 견뎌왔기에, 난임이 주는 스트레스를 누구보다 잘 알고 있습니다. 난임 여성들과 상담을 하다 보면 새록새록 예전의 제 모습이 떠오릅니다. 그리고 그들과 마주할 때마다 느낍니다. 내가 난임의 삶을 살며 짊어지고 온 그 마음을 그들도 똑같이 겪어내고 있다는 것을. 그리고 누구보다 외롭다는 것을.

주변 사람들은 쉽게 말합니다.

"너무 스트레스 받지 마."

"요즘 의학이 얼마나 발전했는데, 곧 좋은 소식 있겠지."

하지만 정작 당사자는 매달 반복되는 희망과 좌절 속에서 지쳐가고 있습니다. 말 한마디에 마음이 무너지고, 사소한 질문에도 상처받습니다. 그리고 무엇보다, 자신의 감정을 어디에도 쉽게 털어놓을 수 없습니다.

저도 그랬던 것 같습니다. 괜찮은 척, 아무렇지 않은 척했지만, 사실은 위로받고 싶었을 테고, 누군가 "정말 힘들지?"라고 물어봐 주길 바랐을 것입니다. 그래서 그들의 마음이 그렇게 다 이해가 되었나 봅니다.

부디, 이 책이 쉼이 필요한 당신에게 커다란 등을

내어줄 수 있길, 상처받은 당신을 위해 목소리를 높여줄 수 있길, 그리고 언제든지 내 편이 필요할 때마다 이 책장을 넘기며, 아낌없는 지지와 위로를 받길 마음을 다해 소망합니다.

감정 회복 레시피 사용 설명서

이 책은 네 개의 장으로 구성되어 있습니다.

1장 늘 버거운 마음으로

- 난임 스트레스로 인해 삶이 버거운 난임 여성의 이야기

2장 늘 움츠러든 마음으로

- 난임 시술 과정에서 겪는 심리적 어려움과 관계의 변화에 관한 이야기

3장 늘 회복의 마음으로

- 난임을 겪으며 스스로를 돌보는 방법에 관한 이야기

4장 늘 함께하는 마음으로

- 나를 찾기 위한 여정을 떠나는 당신에게 난임 심리 상담사가 전하는 이야기

책의 첫 장을 넘기면, 난임으로 인해 삶이 버거워진 여성들의 이야기가 펼쳐집니다. 그 다음 장에서는 난임 시술을 받으며 겪는 상처와 좌절, 우울과 불안을 마주하며, 마음 깊이 눌러두었던 감정들을 하나씩 꺼내 보게 될 것입니다.

이 과정에서 함께 울고, 분노하고, 슬퍼하며 자신의 마음을 만나 주세요.

이제 버겁고, 지친 감정들을 회복할 차례입니다. 다음 장을 넘기면, 난임 스트레스를 맛있게 요리할 수 있는 '감정 회복 레시피'가 소개됩니다. 남편과 가족, 그리고 친구들과 함께 요리해 보세요. 한결 더 가벼워진 마음을 만날 수 있을 것입니다.

마지막으로, 난임의 삶 속에서 잃어버렸던 '나'를 찾는 여정으로 안내합니다. 나를 되찾는 것이, 난임으로 인해 힘들어진 삶과 감정을 회복하는 시작이기 때문입니다.

13편의 편지 속에 담겨진 위로와 격려, 공감, 그리

고 아낌없는 지지가 나를 찾아가는 길에 첫발을 내딛도록 도울 것입니다.

감정 회복 레시피가 전하는 말

이제, 저는 저의 난임과 그들의 난임을 이야기하려 합니다.

때로는 아픔과 절망을, 때로는 회복을 위한 노력을 이야기하게 되겠지요.

그렇게 같이 울고, 함께 웃으며 그들의 이야기를 따라가다 보면, 어느새 우리 마음도 조금씩 회복되어 있지 않을까요?

어떤 길은 예상보다 멀고,
어떤 길은 끝이 보이지 않습니다.

이 길을 걸어오면서 우리는 수많은 감정을 마주했습니다.
기대와 설렘, 희망과 용기.
때로는 불안과 좌절, 상처와 눈물도 함께였지요.

이 글은 길 위에서 흔들리고, 고민하고, 때로는 멈춰서는

'나를 찾아 길을 떠나는 당신'을 위한 이야기입니다.

끊임없이 나를 질책하고, 비난하면서
모두 내 탓이라고 하는 나.
실패는 있을 수 있다며 나를 토닥이고, 일으켜 세우는 나.
이 길 끝에서 어떤 나를 만나길 원하나요?

이제 천천히, 길을 떠나 볼까요?
당신만의 속도로, 당신 자신을 존중하며.
이 길 끝에 멋지게 서 있을 나를 기대하며.

최선을 다해 사는 동안
평안이 그대를 돕길 기도하겠습니다.

2025년, 새로운 봄을 맞이하는 길 위에서
황혜련

✲ 목차

2장 늘 움츠러든 마음으로/85

난임 시술로 마음까지 움츠러든 당신과 함께

3장 늘 회복의 마음으로/177

행복한 만찬을 시작하는 당신과 함께

4장 늘 함께 하는 마음으로/217

나를 찾아 길을 떠나는 당신과 함께

1장

늘 움츠러든 마음으로

난임 스트레스로 삶이 버거운 당신과 함께

난임 스트레스, 얼마나 알고 있나요?

"요즘 들어 갑자기 울컥해져요."

소예 씨는 우울감을 호소하며 상담실을 찾았습니다. 현재 배란유도제를 복용하며, 자연임신을 시도하는 중이라고 했습니다.

"내가 지금 느끼고 있는 감정이 혹시 임신이 잘되지 않아서 생긴 것일 수도 있다는 생각이 드세요?"

"네. 아무래도 생각만큼 임신이 잘 안되니까 막막하고, 무기력해져요. 슬프기도 하고, 걱정도 많아지는 것 같고요. 심할 때는 자책도 하게 돼요."

소예 씨는 지금 '난임 스트레스'로 인한 여러 복합적인 감정을 경험하고 있습니다. 난임 스트레스란 난임 문제, 즉 수태 능력과 관련된 문제로부터 각 개인 내부에서 일어나는 불균형 상태를 말하는데,[1] 이는

1) Verhaak, C. M., Smeenk, J. M., Eugster, A., Van Minnen, A., Kremer, J. A., & Kraaimaat, F. W., 「Stress and marital satisfaction among women before and after their first cycle of in vitro fertilization and

성에 대한 자신감 저하, 불안, 우울, 감정적 균형 파괴 등 난임 여성의 일상에 영향을 미쳐 삶의 질을 저하시키는 원인이 되기도 하죠. 심한 경우 임신 성공률을 떨어뜨리고 영구적 난임이라는 결과를 가져다 주기도 합니다.2)

소예 씨처럼 본격적인 난임 시술을 시작하지 않았지만, 임신이 마음대로 잘 안된다는 것 자체만으로 가임기 여성에게는 큰 스트레스로 작용할 수 있습니다. 난임 스트레스는 내가 난임인 것을 받아들여야 하는 것에서부터 시작됩니다.

이제 겨우 그것을 받아들이고 나면, 주위 또래들로부터 심심치 않게 임신 소식을 듣게 됩니다. 양가 부모님의 때론 친척이나 시인들 '아직 좋은 소식 없나?'는 불

---

intracytoplasmic sperm injection」, Fertility and Sterility, 2001, 76(3), 525-531.

2) Min SW, Kim YH, Cho YR. 「Stress, depression and factors influencing on quality of life of infertile women」, J Korean Soc Matern Child Health, 2008;11:19-32.

편한 관심도 받아야 합니다. 점점 마음이 조급해지고, 신경도 예민해집니다.

이쯤 되면 '나도 얼른 아기를 가져야 한다'는 압박감에 스트레스는 극에 달하게 되죠. 급기야, 가장 믿었던 남편까지 시술에 비협조적인 태도를 보일 때면 더 이상 감당하기 어려운 수준에까지 이릅니다.

어떤 경우에는 지원금을 초과하는 시술 비용 문제로 시술을 포기해야 하나 심각한 고민을 하기도 합니다. 그야말로 '모든 날, 모든 순간'이 스트레스인 셈입니다.

그러나 이것이 전부가 아닙니다. 이제 본격적으로 난임 시술이 시작되면 시간에 맞춰 약을 먹고, 배에 주사를 놓는 등 놓치지 않고 해야 할 중요한 일들이 점점 늘어납니다. 이어서 난자를 채취하고, 이식을 한 후에는 피 검사 결과를 기다려야 하죠.

이렇게 길고, 복잡한 시술 과정은 긴장과 스트레스 속에서 끝나게 됩니다. 하지만, 누군가에게는 끝이 아닐 수 있습니다. 마음 아픈 일이지만, 결과에 따라 또 다음을 준비해야 할 수도 있으니까요. 이처럼 시술 과정부터 결과를 받아들이는 것까지 오롯이 여성 홀로 감당해야 할 몫입니다.

이렇듯 난임은 시술 여부를 떠나 그 자체만으로 아주 낯설고, 혼란스러운 감정을 느낄 수 있습니다. 남편을 비롯한 가족들의 세심한 배려와 공감이 절대적으로 필요한 때죠.

잠깐, 나의 감정을 돌아볼까요? 혹시 지금 느끼는 감정이 너무 벅차다면, 혼자 참아내려고 하지 마세요. 사랑하는 가족과 친구들에게 도움을 요청해 보세요. 그리고 필요하다면 심리 상담이나 자조 모임 등을 통해 힘을 얻길 바랍니다.

분명, 당신은 혼자가 아닙니다.
당신의 힘듦을 함께 나누고 싶은 사람들이 있다는 걸 잊지 마세요.

나의 불안증 때문일까요?

소은 씨를 만난 지 1년이 되어 갑니다. 그녀는 결혼 전에 공황장애와 우울증 진단을 받고 약 1년 정도 약물 치료를 받았던 경험이 있습니다. 나았다고 생각했던 이 증상들은 난임과 유산을 겪으면서 다시 소은 씨를 찾아왔고, 지금까지 여전히 그녀를 힘들게 하고 있습니다.

충분히 그럴 수 있습니다. 그 증상들이 완전히 사라진 것이 아니라 해결되지 않은 채 덮여 있었다면, 소은 씨처럼 감당하기 힘든 상황을 만났을 때 다시 고개를 들 가능성이 큽니다.

"내가 그전에 공황장애나 우울증이 없었으면 이렇게까지 난임에 대해서 걱정하지 않았을 텐데 하는 생각 많이 했어요. 이식을 하고 나서 결과를 보려면 2주 후에 병원에 가서 피 검사를 해야 해요. 이식하고 나서 기다리는 2주 동안에 불안감으로 막 휩싸여가지고 진짜 될 것도 안 되겠다는 생각 많이 했었거든요. 기간이 2주 딱 정해져 있으니까 그 기간 동안에 계속 힘들더라고요."

"당연히 힘드시죠. 2주라는 기간이 내게는 2년처럼 느껴졌을 것 같아요. 그럼, 소은 씨 생각에 내가 원래 가지고 있던 공황장애와 우울증이 난임 스트레스에 작용했다고 보시나요?"

"네, 그 생각도 정말 많이 했어요. 내가 그전에 그런 게 없었으면 이렇게까지 힘들지 않았을 텐데 이런 생각. 특히 불안증이 나를 더 힘들게 하는 것 같아요. 이식하고 나서 됐나, 안 됐나 걱정하면서 엄청 불안해했으니까."

어린 시절의 상처가 채 아물기도 전에 성인이 된 소은 씨는 직면할 수도, 피할 수도 없는 힘든 상황을 맞닥뜨리게 되면 그 상처 안에 갇히게 됩니다. 스스로 자신을 그 안에 가두는 것인지, 감정에 이끌려 갇히게 되는 것인지는 모르겠습니다. 일단 그 안에 갇히게 되면 스스로 문제를 해결할 힘이 있음에도 자신은 아무것도 할 수 없는 무능력한 존재로 인식하는 것 같습니다.

소은 씨는 자라면서 수용과 지지를 받은 경험이 별로 없다고 합니다. 그렇기에 그녀에게 있어 '상처의 틀을 깨고 나간다'는 것은 유의미하고, 가치 있는 도전이 아니라 부족하고 못난 나를 마주하게 되는 고통스러운 일일 수도 있겠습니다.

이런 심리적 경향은 난임 스트레스를 겪을 때 더욱 두드러집니다. 난임 시술의 결과가 좋지 않거나, 유산을 겪을 때마다 소은 씨는 직면보다는 회피를 선택하면서, 그 상처 안에 다시 갇히고, 자신을 불안함에 내어주는 악순환을 반복합니다.

이러한 소은 씨를 위해 그녀 스스로가 '상처 안에 있는 나'를 있는 그대로 받아들이고, 자신을 존중하는 유능한 사람으로 인식할 수 있도록 칼 로저스Carl Rogers, 1902~1987의 인간 중심 치료person-centered therapy[3)]이론과 상담 기법을 활용하여 상담을 진행하고 있습니다. 벌써 열 번의 상담을 마친 그녀가 점점 자신을

3) 권석만, 『현대 심리치료와 상담 이론_마음의 치유와 성장으로 가는 길』, 학지사, 2012, 296쪽.

찾아가는 것 같아 마음이 너무 좋습니다.

강아지 한 마리를 입양했어요

얼마 전, 볕도 좋고 해서 한 번쯤 탁 트인 곳에서 상담해 보는 것도 좋을 것 같아 공원에서 소은 씨를 만났습니다. 공원에서의 상담은 꽤 괜찮았습니다.

햇살이 나뭇잎 사이로 비쳐 반짝이고, 살랑이는 바람이 마음까지 부드럽게 어루만지는 듯했습니다. 햇살과 바람, 그리고 백색 소음이 적당히 어우러져 마치 산책을 나온 듯한 편안함까지 느껴졌습니다.

멀찍이 떨어져 있는 벤치마다 삼삼오오 모인 어르신들이 담소를 나누느라 그 누구도 우리 두 사람을 신경 쓰지 않았습니다.

사실, 얼마 전 소은 씨에게서 상담을 받고 싶다는 말과 함께 그동안 심경의 변화가 있었다는 내용의 문자를 받았습니다. 혹시 다시 마음이 힘들어진 걸까? 무엇이 또 그녀의 마음을 흔들었을까? 걱정을 하던 중에 지난 상담 때 그녀가 했던 말이 떠올랐습니다.

“상담 때마다 해주시는 말씀 중에 저한테 딱 꽂히는 게 하나씩 있거든요. 그럼 그걸 계속 생각하면서 마인드 컨트롤을 해요.”

그렇게 하다 보면, 조금씩 내면의 힘이 생기는 것 같다며 좋아했던 그녀였는데, 심경의 변화라니. 가슴에 돌무덤을 쌓아 놓은 듯, 묵직한 무게를 느끼며 그녀를 만났습니다.

주변으로부터 안정감을 확인했는지 소은 씨가 입을 열었습니다. 역시 이번에도 늘 상담 때마다 호소하던 어머니와의 문제였습니다. 소은 씨는 직면하기 어려운 문제를 마주할 때마다 극심한 스트레스를 느낍니다. 누군가는 외면하거나 맞서는 방식으로 대응하지만, 그녀의 성향상 그 어느 것도 하기 어려우니 어린 시절부터 지금까지 그 스트레스를 날 것으로 겪어내고 있는 것이겠지요.

환경의 도움이었을까요? 우리는 이날, 여전히 피하

기 어려운 소은 씨의 스트레스에 대해 더 근원적으로 깊이 있는 이야기를 나누었던 것 같습니다. "그래도 예전보다 마음이 단단해진 것 같아요"라고 말하는 그녀의 표정에서 힘겨운 시간을 잘 견뎌온 단단함이 엿보였습니다.

한 번 마음이 무너졌음에도 다시 마음을 잡아 줘서 정말 고마웠습니다. 저렇게 마음을 다져가기까지 그 오랜 시간 견뎌온 그 속은 어떠했을까 싶습니다. 시술이 실패할 때마다, 또 유산을 겪을 때마다 그 상처 난 곳을 수도 없이 긁히며 또 얼마나 힘들었을까요?

상담을 마무리하면서 그녀는 난임 시술을 당분간 쉬고 싶다며, 얼마 전 아주 작은 강아지 한 마리를 입양했고, 덕분에 즐겁게 지내고 있다고 했습니다. 강아지를 보살피고 있으면 다른 생각들을 하지 않아 좋다면서, 말끝에는 아기 대신에 키우는 것도 있다는 말을 수줍게 덧붙였습니다.

시술을 쉬고 싶다는 그녀에게 왜 쉬는 건지, 그럼 언제 다시 시작할 건지 아무것도 묻지 않았습니다. 지금 그녀는 강아지를 통해 자신의 상처를 보듬는 시간이 필요할 테니까요. 그저 마음으로만 조용히 응원할 뿐입니다.

*소은 씨에게 전하는 감정 회복 레시피

재료(2인분)

- 자기 수용 1큰술 반
  - 있는 그대로의 나로 받아들이기
- 자존감 3큰술
  - 존재 자체로 아름답고 소중한 나
- 자기 사랑 2큰술
  - 무엇보다 나 자신을 이해하고 아끼는 마음
- 남편 지지 2큰술 반
  - 남편으로부터 지지 듬뿍 받기
- 눈물 한 꼬집
  - 가끔은 흘려도 괜찮아요. 깊은 맛을 내니까요

요리 과정(난이도 ✸✸✸)

1. 달군 팬에 자기 수용 1큰술 반을 넣고 충분히 녹여

주세요. 있는 그대로의 나를 바라보는 것이 어색할 수 있을 거예요. 하지만 괜찮습니다. 조급해 하지 말고, 여유를 가지고 충분히 녹을 수 있도록 천천히 지켜봐 주세요.

2. 자존감 3큰술을 노릇하게 굽습니다. 나는 자녀가 있으나, 없으나 존재 자체로 아름답고 소중한 존재임을 잊지 말아 주세요. 그 마음이 소은 씨를 지켜 줄 거예요.

   * 직면하기 어려운 재료일수록 용량을 늘려주세요.

3. 자기 사랑과 남편 지지를 더해 주세요. 방법이 서툴러도 괜찮아요. 나의 마음 안에 내가 사랑받고 있다는 기쁨으로 가득 찰 수 있으면 됩니다.
4. 눈물 한 꼬집 넣어 요리를 마무리합니다. 울고 싶을 땐 울어도 괜찮아요. 슬픈 나도, 기쁜 나도, 모두 내 모습이니까요.

레시피 리뷰

소은 씨, 당신은 자녀가 있으나, 없으나 존재 자체로 아름답고, 소중합니다.

팔은 안으로 굽으니까요!

아내와 남편 중 누구에게 난임의 원인이 더 많을까요?

난임 여성의 스트레스 양상을 연구한 논문에서 밝힌 난임 원인의 성별 비율은 연구 참여자 10명 중 여성 요인이 3명(30%), 남성 요인이 2명(20%), 원인 불명이 4명(40%)이었고, 남녀 양측 요인은 1명(10%)이었습니다. 진단명으로는 자궁내막증, 다낭성 난소증후군, 나팔관 이상, 염색체 이상, 정자 모양 이상이 있었습니다.4)

이처럼 난임의 원인이 부부 공동의 문제이거나 원인 불명인 경우가 많음에도 일단 내 자녀가 난임이라고 하면, 시어머니는 며느리에게, 장모는 사위에게 원인이 있다고 받아들이게 되죠. 이에 따라 양가 부모님과의 갈등도 커지고, 부부 사이가 소원해지기도 합니다.

4) 조세인, 김동일, 최수지, 「심층면담을 통한 난임 여성의 스트레스 양상에 관한 연구」, 36(2), 2023, 89쪽.

저 또한 상담을 하면서 이와 같은 문제로 스트레스를 호소하는 내담자들을 종종 만나게 됩니다.

"저희 친정엄마가 속은 안 그러신데 겉으로 말 표현을 거칠게 하시는 편이에요. 이제 딸이 고생하는 게 보기 힘드니까 그러셨다는 걸 지나고 나서 이해했지만, 그 당시만 해도 제 남편을 엄청나게 비난을 했어요."

"아, 그러니까 사위를요?"

"네. 왜냐하면 처음에 제가 요인이라고 생각하고 난임 검사를 했는데 남편도 정자가 건강하지 않으니까, 엄마가 남편을 공격했죠. 근데 어쨌든 남자들은 노력을 하면 건강한 정자를 얻을 가능성이 있기 때문에 저는 그 과정에서는 남편의 요인이 뭐 그렇게 크게 작용했다고는 생각하지 않아요. 제가 착상이 안 된 거지. 근데 엄마는 팔이 안으로 굽는다고 딸이 힘든 거 때문에. 엄마가 제 남편한테 또 그렇게 공격하니까 남편이 힘들어하잖아요. 저는 중간에서 마음 아프고."

나예 씨 부부는 난임 검사상 부부 어느 쪽에서도

난임의 주된 원인은 발견되지 않았습니다. 단지, 남편의 정자가 건강하지 않다는 소견만 있었습니다. 하지만 그것은 시술에 있어서 큰 문제가 될 만큼 결정적 원인도 아니었습니다. 그저 몸 관리만 잘하면 다음 시술에서 건강한 정자를 얻을 수 있는 정상 범위였습니다. 그런 이유로 나예 씨는 그 소견이 전혀 신경 쓰이지 않았습니다.

그러나 나예 씨 어머니는 달랐습니다. 딸이 힘들어하는 모습을 보니, 그저 사위가 미운 것입니다. 아마도 '우리 딸이 착상이 안 되는 건 난 모르겠고, 사위 자네 정자가 안 좋다잖은가? 자네 때문에 우리 딸이 이렇게 고생하니 내 마음이 무너지네' 이런 심정은 아니셨을까요? 팔은 안으로 굽으니까요!

비밀은 오해를 낳고

희나 씨 부부는 양가 부모님께 '난임 시술 중'인 것을 알리느냐, 마느냐로 꽤 오랫동안 고민을 했습니다. 인터넷 난임 카페에서 난임을 개방하고 상처받은 이야기들을 너무 많이 보았기 때문에 쉽게 알릴 수가 없었습니다. 오랜 고민 끝에 결국 확실히 임신 진단받을 때까지 알리지 않는 걸로 결정했습니다.

"괜히 알렸다가 누구 탓이냐 따지게 되면, 우리는 또 눈치 보게 되고. 이러면 서로가 힘들어지지 않을까 하는 게 저희 두 사람 공통된 생각이라서요, 굳이 알릴 필요가 있을까 싶더라고요. 긁어 부스럼 만들까 봐."

희나 씨가 '굳이'라는 단어를 힘줘서 표현하는데 어찌나 그 단어가 크게 공감이 되던지요. 실제로 '굳이'라는 단어를 말할 때 약간 눌러서 강조하듯 발음했던 것이 기억납니다. '구우지' 이렇게 들렸다면 조금 이해가 될지 모르겠습니다. 그 단어에서 희나 씨가 겪은 스트레스의 무게가 느껴져서일까요?

하지만, 굳이 알리지 않는 것만으로 이들의 스트레스는 끝나지 않았습니다. 희나 씨는 시어머니로부터 '왜 너희들은 아직도 아기 소식이 없니? 더 늦기 전에 얼른 낳아야지'라는 말씀을 줄곧 들을 수밖에 없었습니다. 그도 그럴 것이 시어머니는 아들 부부가 난임인 것을 전혀 모르시니, 지금 일부러 아기를 갖지 않는다고 생각하시는 걸 테죠. 이러지도 저러지도 못하는 희나 씨 마음이 얼마나 힘들었을까 싶습니다.

이식을 한 후에도 이 난처한 상황은 계속 이어집니다. 절대 안정하며 조심, 또 조심해야 하는 시기임에도 혹시라도 집안 행사가 생기게 되면 며느리로서의 역할을 다 해야 했습니다. 이를 피할 수 있는 명확한 이유가 없기 때문이죠.

"저는 지금까지 네 번 시술을 했는데요, 시술할 때마다 1차 피 검사에서 모두 실패했어요. 그래서 얼마 전에 4차 시술할 때는 의사 선생님이 이식하고 피 검사 결과 나올 때까지 꼼짝하지 말고 누워만 있으라고 했었거든요. 저도 그러는 게 좋겠다 싶어서 이번에는 진짜 필요할 때만 살살 움직이고, 거의 누워만 지냈어요. 그렇게 1주일 정도 지냈는데 갑자기 시댁에서 우리를 호출하신 거예요. 미국에 사시는 이모님이 한국에 잠깐 오셨는데 저희 부부 보고 싶어 한다고."

"정말 곤란하셨겠어요. 오랜만에 미국에서 오셨는데, 그것도 특별히 보고 싶어 하신다는데 안 가볼 수도 없고."

"네, 그래서 남편이랑 고민하다가 저는 그냥 독감 걸렸다 하고, 남편만 가기로 했거든요. 어머님께 전화드렸더니 아프다고 하니까 뭐라고는 못하시는데, 그래도 왔으면 좋겠다 싶으신 거죠. 차라리 그냥 처음부터 난임이라고 오픈을 했으면 어땠을까 싶기도 하고. 또 남들은 한 번에 잘만 되는데 나는 왜 이렇게 애 한 번 갖기 힘든가 싶은 생각에 우울해지고. 암튼 알려도 힘들고, 비밀로 해도 힘든 거 같아요."

희니 씨는 결국 남편과 함께 이모님을 만나러 갔습니다. 마음이 영 불편해서 편히 쉴 수가 없었다네요. 그 참에 '난임 시술 중'임을 어른들 앞에서 선포했나고 합니다. 물론 '왜 그런 것을 여태 숨겼느냐'고 걱정 어린 꾸지람을 듣긴 했지만, 그렇다고 위로나 공감을 받은 것은 아니라며 쓴웃음을 지어 보였습니다.

난임을 알리나, 비밀로 하나 별다를 게 없나 봅니다. 그래서인지 이야기를 나누는 내내 마음이 복잡했습니다. 정답 없는 수학 문제를 끝까지 붙들고 있는 수험생들 같았다고 할까요? 무엇을 선택하든 이들에게는 모두 모험일 테지요. 그러니, 그저 여기저기 떠돌아다니는 경험담들을 통해 결과를 유추할 뿐입니다.

이쯤에서 생각이 많아졌습니다.

무엇 때문에 이들은 난임인 것을 숨겨야 할지, 말지를 고민해야 하는 걸까? 난임의 원인이 누구인지 가려내는 것이 그렇게 중요한 것일까? 그렇지 않아도 임신이 어려운 게 모두 내 탓인 것만 같아 숨 한 번 크게 쉬지 못하고 살고 있을 텐데.

물론 결혼한 부부가 자녀를 갖는 것은 너무도 중요한 일입니다. 어쩌면 어떤 부부에게는 꼭 해결해야 하는 문제일 수도 있습니다. 그런 이유로 난임 부부들이 자신의 삶을 희생하면서까지 시술에 전념하는 것이겠지요. 국가에서 난임 지원을 확대하는 것도 같은 이유이겠고요.

이처럼 아기를 갖는 것은 매우 중요하고 시급한 문제인 것은 맞습니다. 그러나, 그전에 난임 부부들의 마음과 삶에 먼저 집중해 보면 좋겠습니다. 최소한 내 자녀가 또는 내 친구가 난임인 것을 숨길지, 말지를 고민하지 않도록 말이죠.

난임難妊의 마음으로

난임難妊은 말 그대로 아이를 갖기 어려운 상태를 뜻합니다. 반면, 출산出産은 아이를 낳는 과정을 의미합니다. 이렇게 서로 다른 뜻을 가진 단어지만, 우리는 난임이든 아니든 '출산'이라는 단 하나의 기준만으로 바라보는 경향이 있습니다.

난임 여성들에게는 '출산'이 아닌, '난임'의 시선이 필요합니다. 디시 말해, '아이를 갖도록 하는 것' 예컨대, 시술 비용에 국한된 지원 등에만 집중된 시선을, '아이를 갖기 어려운 마음' 예컨대, 심리상담, 자조모임, 스트레스 완화 프로그램 등의 심리적 지원에도 두어야 한다는 것입니다.

그들에게 출산의 시선으로만 바라본다면, 낳을 수 없는 답답한 마음에 낳아야 한다는 압박감이 더해져 상당한 스트레스로 느껴질 테니 말입니다. 정책뿐만 아니라 마음 해결에도 관심을 갖는 사회 분위기가 만들어졌으면 좋겠습니다.

얼마 전, 인터넷에서 모 지역 신문사의 'OO지역의 인구가 감소하고 있어 대응책 마련이 시급하다'는 내용의 기사를 읽었습니다.

인구 감소가 걱정되고, 대응책 마련이 시급하다는 본문 내용에 절대적으로 동의하며, 이 지역에서 내놓은 대응책은 어떤 것일까? 사뭇 기대감을 갖고 읽어 내려갔습니다. 기사 끝에 도착해 제 눈에 들어온 결론은 참 많은 아쉬움을 느끼게 했습니다. 이 지역도 다른 지역과 별다를 게 없이 '인구 감소를 막기 위한 대응책은 곧 난임 지원 사업 확대'라는 공식과 같은 방안을 내놓았으니 말입니다.

어느 때부터인가 '저출산'이라는 말에 별책부록처럼 딸려 나오는 단어는 '난임'이 된 것 같습니다. 물론 난임 가정이 늘어나면서 나라의 전체 인구가 줄어들고 있는 것은 맞습니다. 저출산의 위기를 극복하기 위해 난임 가정에 아이를 출산할 수 있도록 경제적 지원을 하는 대응책도 옳습니다.

하지만, 난임難妊의 마음은 온데간데없고, 출산出産에만 집중되어 있는 것 같은, 마치 '저출산 위기 극복을 위한 난임 지원'과 같은 느낌이 드는 것은 저만의 노파심일까요?

난임 여성들이 호소하던 '내가 아기 낳는 도구 같다'는 말이 제 마음 안에 여전히 남아 있으니, 저는 당분간 이 결론에 아쉬움을 느낄 것 같습니다.

난임 인구가 급격히 늘어난 것은 맞지만, 예나 지금이나, 난임 인구는 존재합니다. 제가 난임이었던 2000년대에도 전국에서 강남의 난임 병원을 찾는 여성들이 있었습니다. 그리고 1990년대에도 교회 언니가 결혼했는데 3년째 임신이 안 된다고 걱정하는 이야기를 들었고요.

그 무렵, 우연히 TV에서 '난임 시술 비용을 감당하기 위해 살던 집을 팔았다'는 난임 부부의 인터뷰를 보았던 기억도 납니다. 또, 지인의 친척은 과중한 시술 비용을 더 이상 감당하기 어려워 아기를 입양할 수밖에 없었다는 이야기도 들었으니, 시술 비용이 버거운 것은 그때나, 지금이나 매한가지인 것 같습니다.

난임 가정을 지원하는 정부의 노력은 매우 고마운 일입니다. 하지만 '출산율을 높이기 위한 난임 지원'이라는 틀에 갇혀서는 안 됩니다. 난임 여성들은 이미 '자기 몸과 마음의 싸움' 속에서 힘겨운 시간을 보내고 있습니다. 이토록 외롭고, 버거운 그들의 싸움을 '출산율'과 묶는다는 것은 너무 가혹한 일 아닐까요?

단순히 시술 비용을 지원하는 것을 넘어, 난임 여성의 심리적 어려움을 공감하고 지지하는 사회적 분위기가 필요합니다. '저출산 대응책은 난임 지원 사업 확대'라는 공식에 머물러 있는 한, 난임難妊의 마음을 진정으로 이해할 수 없습니다. 그것은 마치 공감 없는 정답만 읊어대는 AI Artificial Intelligence의 외침과도 같으니까요.

안 그래도 아이를 갖지 못하는 것이 '나의 잘못'이라는 죄책감으로 힘들어하는 그들에게, 이제는 '저출산의 원인 제공자'라는 프레임까지 씌우도록 할 수는 없습니다.

부디, 난임難妊의 마음으로 바라봐 주세요. 그리고, 난임으로 살아가는 삶의 어느 부분이 힘든지 먼저 살펴봐 주세요. 그 힘듦이 마음의 어려움인지, 직장 난임 여성으로서의 어려움인지, 아니면 경제적 어려움인지.

바라건대, 난임 지원 사업이 일률적인 경제적 지원으로 국한되지 않았으면 좋겠습니다. 각자의 삶이 모두 다르듯, 각 사람의 힘듦에 맞는 지원이 이루어지기를 소망합니다.

난임 정책이 난임 마음의 속도를 따라가지 못하는 것 같아 아쉽습니다.

그 마음으로 바라봐 주세요

자존감은 말 그대로 자신을 존중하고 사랑하는 마음입니다. 스스로 가치 있는 존재임을 인식하고, 자신의 노력에 따라 삶에서 성취를 이뤄낼 수 있다는 일종의 자기 확신입니다. 한마디로 '자신을 긍정적으로 바라볼 수 있느냐'는 의미이지요.

내가 누구이든, 어떠한 모습을 하고 있든, 있는 그대로의 자신을 받아들이고 사랑할 수 있다면, 건강한 자존감을 소유한 것이라 할 수 있습니다. 혹시라도 자존감이 낮아졌다 하더라도 자신을 긍정적으로 보는 연습을 통해 자존감은 회복할 수 있습니다.

난임 여성들의 자존감은 어떠할까요? 또래의 친구들과 다를 바 없이, 사랑하는 남자를 만나 양가 가족의 축복 속에서 부부로서의 백년가약을 맺고, 한 가정을 이루었습니다. 출발에는 별문제가 없어 보입니다. 그러나 시간이 지나면서 친구들과 발걸음이 달라지기 시작합니다. 친구들은 하나둘씩 임신과 출산 소식을 차례로 전합니다.

이제 친구들 모임에 아이들이 등장하게 되고, 온통 이유식 이야기며, 양육에 대한 이야기들로 가득합니다. 대화가 무르익어 갈수록 고립감에 그 자리가 불편하게 느껴집니다. 어정쩡한 반응과 어색한 웃음으로 그 마음을 들키지 않으려고 애를 써봅니다. 그마저도 힘들어지면 괜스레 핸드폰만 들여다보다 집으로 돌아옵니다.

나는 왜 안 되는 걸까?

반복되는 시술과 실패는 난임 여성들의 자존감을 더욱 갉아먹습니다. 누구보다 열심히 노력했지만, 결과가 따라주지 않는 현실이 참으로 야속하기만 합니다. 번번이 착상에 실패하거나, 나의 노력과 상관없이 아기를 떠나보내야 하는 일들을 겪게 되면, 스스로를 '노력으로 성취를 이뤄내는 유능한 사람'이라고 믿기는 어렵겠지요.

좋은 소식 없어?

남들 다 갖는 아기, 너는 왜 못 갖니?

잘될 거야!

이제는 더 이상 이 무책임하고 메마른 말들을 이겨낼 힘이 없습니다. 얼마 전, 양가 부모님에게 '좋은 소식 없냐?'는 질문을 지속해서 받아 스트레스가 심하다고 호소하던 지윤 씨의 말이 생각났습니다.

"좋은 소식이 생기면 먼저 알려드릴 테니 그만 좀 물어보시면 안 돼요? 이 말이 정말 입 밖으로 튀어나올 뻔했어요. 아마 언젠가는 저도 모르게 한 번은 튀어나오지 않을까요?"

지윤 씨는 정작 그 좋은 소식이 없어 힘든 건 당사자 본인이라는 것을 알아주셨으면 좋겠다고 합니다. 그리고, 한숨을 크게 내쉬며 이 말을 덧붙입니다.

"위로? 공감? 받을 수만 있다면 정말 좋죠. 하지만, 이젠 그것까지도 욕심이겠다 싶어요. 그저 시술 실패할 때마다 죄송스러운 마음에 연락도 못 하고 있는 며느리 마음 하나만 알아주셨으면 좋겠어요, 정말."

다 하는 임신, 왜 너는?

'아들, 딸 구별 말고 둘 만 낳아 잘 기르자.'

1970년대 유행하던 출산 정책 표어입니다. 표어들만 보더라도 그 당시 출산율이 아주 높았다는 것을 잘 알 수 있는데요, 이제는 출산을 제한한다는 말들이 낯설게 느껴지는 시대가 되었으니 마음이 참 씁쓸합니다.

시대별로 몇 가지 소개해 보겠습니다. 60년대 표어로는 '알맞게 낳아서 훌륭하게 키우자'(1961), '덮어놓고 낳다 보면 거지꼴을 못 면한다'(1963) 등이 있습니다. '3명의 자녀를 3년 터울로 35세 이전에 단산하자'는 '3·3·35 운동'을 벌이기도 했었는데, 35세 이전에 단산이라니 지금의 모습과 너무 다르네요.

70년대 들어서는 '남녀는 평등하며, 여성은 출산의 도구가 아니다', '임신 안 하는 해'(1974), '남성이 더 피임하는 해'(1975)가 정해졌으며, 80년대 들어서는 '하나씩만 낳아도 삼천리는 초만원', '둘 낳기는 이제

옛말 일등 국민 하나 낳기', '잘 키운 딸 하나 열 아들 안 부럽다' 구호가 나돌면서 출산을 적극적으로 제한했다[5]고 합니다.

확실히 60년대 표어들을 보면 산아제한 정책을 할 만큼 출산율이 높았다는 것을 알 수 있는데요, 실제로 1960년 합계 출산율 여성 1명이 평생 동안 낳을 것으로 예상되는 평균 자녀 수 이 6.0명이었다[6]고 합니다.

그 당시 사람들은 옆집이든, 뒷집이든 온 동네가 늘 아이들로 북적대는 모습이 익숙했을 테고, 한 집에 아이가 태어난다는 것은 그리 어려운 일이 아니라 생각할 수 있겠지요. 한 마디로 '난임'과는 거리가 먼 삶을 살아온 우리 부모님 세대가 갑자기 '난임'을 이해한다는 것은 어려운 일일 거라 생각합니다.

5) 홍승아, <시대별 표어로 살펴본 우리나라 출산정책>, 전자 KDI 경제교육 · 정보센터, 2014.12.01.(www.https://eiec.kdi.re.kr/material/clickView.do?click_yymm=201412&cidx=2288)

6) 위 글의 같은 면.

내 자녀가 난임이라고 하니 걱정은 되는데 부모로서 어떤 말을 해줘야 하는지, 어떻게 도와줘야 하는지 잘 모르시겠지요. '다른 사람들은 아이를 쉽게 갖는데 너는 왜 아이 갖는 게 그렇게 어렵냐?'고 속상해서 내뱉은 말이 내 자녀에게 화살이 되어 꽂힐 거라고는 생각을 못 하셨겠다 싶습니다.

"전에 제가 이식을 하고 나서 친정 부모님에게 두 개 심었는데 한 개는 안 됐대 그랬더니 아버지는 한 개 안 됐다니까 또 그 안 된 거만 가지고, '남들은 쉽게 되는 게 왜 너네는 안 되냐?' 그렇게 말씀하시는 거예요. 그래서 '아빠, 난임 병원 가면 3시간을 기다려야 겨우 진료 볼 정도로 사람이 바글바글해. 그게 그렇게 쉽게 되는 게 아니에요. 나만 그런 게 아니라 그렇게 안 되는 사람이 많아'라고 얘기한 적이 있었어요."

"아버님 말씀 듣고 어떤 마음이 드셨어요?"

"제 입장에서는 두 개 중에 한 개만 돼도 어디야? 하는 마음인데 그렇게 쉽게 얘기하시니까. 시술하는 걸 너무 쉽게 이야기할 때 답답하다고 해야 하나? 좀 이해받지 못한다는 느낌이 들었어요."

신예 씨는 네 번 체외수정 시술을 받았는데, 네 번 모두 유산으로 아기를 잃는 아픔을 겪었습니다. 임신 6주 차, 어느 때는 9주 차가 넘어갈 때까지 아기를 품고 있다가 보내야 했습니다. 유산은 시술 실패와는 또 다른 의미의 아픔과 상처입니다. 충분히 애도할 새도 없이 다음 시술을 준비해야 하기 때문에 아기를 떠나보낸 마음의 상처는 치유되지 못한 채 오래도록 남아 있는 경우가 많습니다.

이럴 때 가족이 나에게 힘이 되어 준다면 얼마나 든든할까요? 어떻게 해야 힘이 될 수 있는지 모르시겠다고요? 방법은 그리 어렵지 않습니다. 난임에 대해 잘 몰라도 진심으로 그들의 이야기를 들어주고, 마음을 다해 '애써줘서 고맙다'고 반응해 주면 됩니다. 많은 것을 하지 않아도 충분합니다. 그것만으로도 이미 마음이 따뜻해졌을 테니까요.

우리 며느리가 또는 딸이 시술이 실패했을 때 말없이

곰탕 한 그릇 아들 또는 사위 손에 들려 보내는 것도 좋습니다. 걱정은 되는데 무슨 말을 어떻게 해야 할지 모르겠다 싶을 때 가장 현명한 방법은 '침묵'을 택하는 것입니다.

비교는 하지 마세요

누구나 다른 사람과 비교되면 기분이 좋을 리 없습니다. 특히나 나의 노력과 무관한 부분에 대한 비교라면 더욱 그렇습니다. 아이를 갖는 일처럼 말이죠. 어떻게 아이를 갖는 것에 비교가 있을 수 있을까? 싶지만, 놀랍게도 그 영역에서도 비교가 존재합니다. '남들은 쉽게 되는데'라든가, '남들은 다 그렇게 한다던데'하는 말들이 그렇습니다.

도윤 씨도 이와 비슷한 경험을 했다고 합니다.

"저는 난자가 그렇게 많이 나오지 않아요. 하나 두 개 이렇게 나오는데 채취해서 얼리기도 하고 그러니까 이식을 바로바로 못할 때가 여러 번 있었어요. 일단은 어른들은 이런 걸 잘 모르시니까 그런 것들에 대해서 너무 아쉬워하시더라고요."

"음, 바로 이식을 하지 못한 것에 대해 아쉬워하셨다는 말씀이죠?"

"네. 인터넷 검색을 해 보면 난자가 많이 나오는 사람들이 꽤 있더라고요. 그러면 얼려서 계속 이식을 할 수 있잖아요. 어머니도 그렇게 하는 사람들이 있다는 걸 아시거든요. 내심 저도 좀 그렇게 했으면 하셨는데, 저는 난자가 많지 않아서 그렇게 못하니까. 이식을 못 했다거나, 임신이 안 됐다는 말을 들으실 때 슬퍼하시고, 낙심하세요. 그러면 또 저도 마음이 많이 어렵죠. 물론 잘 모르시니까 그렇게 이야기하실 거라 이해는 되지만 그래도 마음이 좋지 않아요. 답답하기도 하고. 이게 나이나 몸의 상태에 따라서 사람마다 다른 건데. 근데 시험관 시술을 하면 바로 임신이 되는 걸로 아시니까. 저도 다른 사람들처럼 채취된 난자가 많이 있어서 이렇게 시술을 하는 것처럼 아시고. 이런 게 참 씁쓸해요."

씁쓸하다는 도윤 씨의 마지막 말이 한동안 제 마음속에서 맴돌았습니다. 이식을 못했을 때나, 임신이 안 됐을 때 누구보다도 가장 슬프고, 낙심되는 사람은 도윤 씨였을 텐데요. 시어머니의 감정까지 그녀의 몫이 되느라 정작 자신의 슬픔은 속으로 삼켜야 했을 겁니다. 삼켜진 그 쓴 감정들은 온몸의 신경을 훑고 지나가 몸으로, 마음으로 소리 없는 아우성을 외쳐댔을 테지요. 많이 아팠을 겁니다. 몸이든, 마음이든 말입니다.

어느 누구도 '어쩌면 내가 난임이 될지도 모른다'고 미리 생각해 본 사람은 없을 것입니다. 저 또한 결혼 전에 벌써 아이들 이름을 지어 놓았을 만큼 아이 둘은 낳아야지 했었으니까요. 그때는 '낳아야지' 하면, 별로 신경 쓸 것 없이 그냥 자연스럽게 아이가 생기고 태어나는 것인 줄로만 알았습니다. 하지만, 그 이름의 주인공이 이 세상에 태어나지 못하리라고 제가 어디 상상이나 했을까요? 이 땅의 모든 난임 부부들도 같은 마음일 거라 생각합니다.

난임, 상상도 못 한 그것이 어느 날 불쑥 나에게 찾아온 것만으로도 감당하기 어려운 일입니다. 그토록 버거운 삶을 살아가고 있는 그들의 작은 몸짓에 관심 가져 주세요.

그리고 내가 하고 싶은 말보다 그들이 원하는 말로 힘이 되어 주세요. 그 작은 변화만으로도 그들의 마음을 보듬어 줄 수 있습니다.

그냥 좀 내버려 뒀으면 좋겠어요

"아니 왜들 그렇게 남한테 관심이 많을까요? 오지랖이 넓다고 해야 하나?"

효은 씨는 주위에서 쏟아지는 '아이' 이야기 때문에 이 세상의 모든 사람들이 다 꼴 보기 싫어질 정도라며, 분이 잔뜩 났습니다.

"지난주에 오랜만에 외갓집 친척들 모임이 있었거든요. 근데 이모들도 그렇고, 친척 언니들도 그렇고, 보는 사람마다 '결혼한 지 얼마나 됐는데 아직도 아이가 없냐?'부터 시작해서 '얼른 애를 가져야지 이제 너도 내년이면 30대 후반이다', '병원은 가 봤냐?' 아주 눈이 마주치기 무섭게 한 마디씩들 하는데 나중에는 듣기 싫어서 그냥 집에 와 버렸어요. 엄마가 눈치챘는지 전화하셨더라고요. 엄마한테 다음부터 친척 모임 안 갈 거니까 부르지도 말라고 막 소리 지르고, 울고, 엄마는 저 달래느라 쩔쩔매고. 아휴, 정말 그냥 좀 내버려 뒀으면 좋겠어요. 엄마는 그것도 관심이 있어서 하는 거라는데 저는 그게 정말 관심인지도 모르겠고요, 그런 관심은 정말 아무 도움도 안 되는데 왜들 그러는지."

어찌나 마음이 상했던지, 효은 씨는 쉬지도 않고 상처받은 이야기를 풀어놓습니다. 말의 빠르기는 평소 상담 때보다 1.5배는 빨라진 것 같습니다. 그 속도를 놓치지 않기 위해 온 신경을 그녀에게 모았습니다.

"많이 속상하셨겠어요. 그분들 입장에서는 걱정돼서 한 말이겠지만, 걱정되는 말조차도 조심해야 하는데.

이제 마음은 조금 나아지신 거예요?"

"네. 엄마랑 통화 끝내고 기분이 좀 나아졌는데, 그다음에 또 엄마한테 미안한 거예요. 딸 걱정 돼서 전화하신 걸 텐데. 나도 그땐 왜 그랬는지 참. 그날 엄마 만나서 밥 먹고, 쇼핑도 하고. 암튼 엄마 덕분에 마음이 괜찮아졌어요."

어머니와의 만남이 꽤 즐거웠던가 봅니다. '엄마에게 너무 미안했지만, 그래도 엄마가 내 옆에 계셔서 감사하다'며 지어 보이는 효은 씨의 미소가 유난히도 슬퍼 보였습니다.

내가 분노조절장애 같다고요?

화냈다 웃었다, 엄마에게 소리 질렀다 미안해했다, 어쩌면 이런 효은 씨를 누군가는 변덕스럽다고 할지도 모르겠습니다. 아니, 어쩌면 자기감정 하나 컨트롤하지 못하고 엄마에게 못되게 구는 금쪽이 같다며 혀를 찰 수도 있겠습니다.

상담을 하다 보면 효은 씨처럼 감정 조절이 힘들어 남편이나 가족들로부터 '왜 그렇게 자기감정 하나 조절 못 하느냐'며 핀잔을 받는 내담자들을 종종 만나게 됩니다. 감정 조절이 어려워 스스로도 이해할 수 없는 행동을 할 때마다 당황스럽기도 하고, 또 가족으로부터 이해받지 못했다는 서운함으로 가족과 갈등을 빚기도 합니다.

1장에 제일 처음 소개되었던 '소예 씨'를 기억하시죠? 소예 씨가 경험했던 '난임 스트레스'를 생각하면 효은 씨의 행동을 이해할 수 있을 겁니다. 그런데 우리가 여기서 알아야 할 것이 있습니다. 가족들은 효은 씨가 자기감정을 있는 그대로 모두 표출하고 있다고만 생각하겠지요.

그러나, 감정 폭발을 한 후에 생겨나는 또 다른 감정이 효은 씨를 한 번 더 힘들게 한다는 것은 알지 못할 것입니다. 효은 씨의 감정을 조금 더 따라가 보겠습니다.

"근데 엄마는 제가 이렇게 하는 걸 받아 주고, 풀어주려고 하시는데, 남편은 절대 안 받아줘요. 며칠 전에 배에 주사 놓는데 갑자기 이러고 있는 내가 너무 싫은 거예요. 그래서 또 한 번 폭발했었거든요. 그랬더니 남편이 뭐라고 하는 거예요. '저 봐라, 또 저런다. 분노조절장애냐? 자기감정을 좀 조절해야지' 이러는데 너무 얄미운 거예요."

"아이고, 안 그래도 마음이 울적하셨을 텐데, 그 마음을 좀 다독여 주시지. 많이 속상하셨겠어요."

"네. 딴 사람도 아니고 남편이 그렇게 하니까 더 화가 나더라고요. 그래서 '당신도 나처럼 며칠을 배에다 주사 맞아봐라, 이거 한 번 맞으면 몸이 어떤지 아느냐'고 막 따졌어요."

"음, 그랬더니 뭐라고 반응하시던가요?"

"그다음이 더 가관이에요. '아니, 힘든 건 알겠는데, 주사는 너 혼자만 맞냐, 시술하는 사람들 다 그렇게 배에다 주사 맞는 거 아니냐?'고 하더라고요."

여기까지 듣는데 효은 씨의 답답한 마음이 전해져

덩달아 제 마음도 답답해졌습니다.

“그때부터 완전히 감정이 폭발됐어요. ‘그래, 다른 사람들은 그렇게 주사 맞느라 애쓴다고 남편들이 엄청 위로해 준다더라, 당신처럼 말하는 남편은 없다’고 한참 해댔죠. 한 번 폭발 되니까 조절도 안 되고 너무 힘들더라고요.”

“왜 안 그러시겠어요. 나도 내가 조절이 안 돼서 힘든데, 제일 가까이 있는 남편이 나를 이해해 주지 않으니 많이 서운하셨을 것 같아요. 이렇게 조절이 잘 안돼서 폭발하고 나면 어떤 감정이 드세요?”

“우선은 나 자신에게 화가 나요. 실망스럽고, 또 조절하지 못했다는 자괴감도 들고요. 그다음엔 미안한 마음이 들죠. 저번에 엄마한테처럼요. 근데 엄마처럼 받아 주면 오히려 미안해서 기분이 금방 가라앉는데, 남편처럼 분노조절장애 어쩌고 하면서 비아냥거리면 더 감정이 주체가 안 되는 것 같아요. 꾹꾹 참다가 결국엔 폭발하게 되고, 폭발하고 나면 자괴감 들고. ‘왜 나는 이렇게밖에 못 할까?’, ‘애도 못 낳고, 성질도 나빠지고 어디에다 쓰나?' 그런 생각 들 땐 나 자신이 너무 싫죠. 결국엔 내가 임신을 못해서 이러는 거란 생각이 드니까."

"혹시, 내가 임신을 못해서 어머니나 남편을 힘들게 했다고 생각하시는 건가요?"

"음, 네. 결론만 놓고 보면, 이유야 어떻든 제가 감정 조절 못 해서 엄마나 남편이 힘든 건 맞으니까요."

"그럼 혹시 '내가 아이도 못 낳고, 감정 조절도 못 해서 남편이 나를 싫어하면 어쩌지?'라는 걱정도 있으신가요?"

"……"

이 질문에 효은 씨는 바로 대답하지 않았습니다. 대답하기 곤란한 질문이었나? 싶어서 '대답하기 곤란하면 안 하셔도 된다'고 얼른 말하려는데 효은 씨가 이야기를 시작했습니다.

"사실 남편과 싸울 때마다 '아, 이러다가 정말 나한테 질려서 가버리는 거 아냐?' 그런 생각 많이 해요."

"그러셨군요. 그런 걱정을 하면서도 감정 조절하는 것이 어려웠으니 얼마나 힘드셨겠어요. 그런데 좀 전에 제가 질문드렸을 때 바로 답하지 못하셨거든요. 괜찮으시다면 그 이유를 여쭤봐도 될까요?"

"순간, 질문받고 좀 당황스럽긴 했어요. 가끔 내가 너무 심했다 싶을 때 그런 생각을 했었거든요. 너무 정곡을 찔려서 놀랐던 것도 있고, 들추고 싶지 않은 게 들춰졌다는 그런 느낌? 뭐 암튼 그래서 바로 대답을 못 했어요."

"들추고 싶지 않았다는 건 어떤 걸 말씀하시는 걸까요?"

"음, 그러니까 '남편이 나를 싫어하게 되면 어쩌지?' 하는 마음을 묻어두고 싶었던 것 같아요."

"그런 생각 들 때마다 정말 그렇게 될지도 모른다는 생각이 들어서일까요? 불안하셨어요?"

"네. 맞아요. 불안했던 것 같아요. 그건 버려지는 거니까요."

효은 씨에게 '난임'이란 그런 것입니다. 나의 치부

를 드러내는 것, 그래서 결국에는 버려질지도 모른다는 불안을 안고 사는 것. 애써 묻어두고 아니길 바라며 사는 것.

하루에도 몇 번씩 오르락내리락, 이랬다저랬다 하는 감정을 아무리 부여잡아도 제멋대로 튕겨 나가 결국에는 나에게 다시 꽂히기를 반복하며 사는 것.

나에게 꽂힌 그 감정은 수도 없이 마음을 쥐어짜며 자괴감과 미안함을 자아내고, 급기야 이 모든 것은 아기를 갖지 못하는 나 때문에 생겨난 거라며, 스스로 비극적인 결말을 창작해 내고야 마는 삶을 사는 것.

그리고 그 삶의 끝을 알 수 없지만, 여전히 살아내야 하는 것.

효은 씨가 난임의 삶을 살기에 겪어야 하는 것들입니다. 하지만, 효은 씨의 삶을 알 리 없는 가족들의 눈에는 그저 자기감정 하나 조절하지 못하는 분노조절장애를 가진 사람처럼 보였을 테지요.

부디, 조금만 더 깊이 그 삶을, 그리고 그 마음을

들여다봐 주세요. 편견의 색안경을 벗고, 이해의 망원경으로 말입니다.

*** 효은 씨에게 전하는 감정 회복 레시피**

재료(2인분)

- 자기 수용 1큰술 반
  - 난임인 나를 있는 그대로 받아들이는 마음
- 따뜻한 위로 3큰술
  - 나에게 모든 것이 괜찮다고 말해주기
- 자기 사랑 2큰술
  - 무엇보다 나 자신을 이해하고 아끼는 마음
- 남편과의 대화 2큰술 반
  - 남편과 충분히 대화하기
- 적당량의 감정 일기
  - 힘든 감정을 건강하게 표현하기

요리 과정(난이도 ★★★)

1. 먼저, 마음속 감정을 그대로 꺼내어 준비합니다. 시술로 인해 힘든 감정도, 지친 마음도 모두 괜찮

아요.

2. 난임은 나의 치부가 아니라고, 괜찮다고 따뜻하게 말해주세요. 나를 아끼고 사랑해 주세요.
3. 남편과 충분히 대화를 나누면서 믿음을 쌓아가세요. 난임 때문에 나는 버려질지도 모른다는 불안을 잠재워 줄 거예요.
4. 감정 일기를 써보세요. 감정 조절이 힘들 때 도움이 많이 될 거예요. 서툴러도 괜찮아요. 천천히, 내 속도대로 한 걸음씩 걸어가 보아요.

레시피 리뷰

효은 씨, 당신의 귀한 삶이 난임이라는 무게에 짓눌리지 않았으면 좋겠습니다.
그 모든 불안과 혼란 속에서도, 자신의 존재를 온전히 지킬 수 있기를 진심으로 바랍니다.

넌 혼자라서 편하겠다

"시술받으시느라 애쓰셨어요. 몸은 좀 괜찮으세요?"

세 번째 시술을 끝내고 피검사 결과를 기다리고

있는 모란 씨를 만났습니다. 기운이 없어 보이기는 했지만, 지난번 시술 때보다는 기분이 한결 나은 듯 보였습니다.

"아직 3회차라서 그런지 몸이 많이 힘들거나 하진 않는 것 같아요. 거기다 저는 또 운동을 좀 많이 하는 편이라서."

"맞아요. 모란 씨를 보면 시술받으면서 운동하는 게 참 많이 도움이 된다는 걸 확실히 느껴요. 마음은 좀 어떠세요?"

"그동안 상담받으면서 감정 느끼는 연습을 많이 했었잖아요. 그게 도움이 많이 된 것 같아요. 전에처럼 갑자기 기분이 나빠진다 그러면, '아, 내가 또 불안하구나'라는 생각을 먼저 하게 돼요. 그런 다음에 전에 만들었던 대처 카드 꺼내서 읽고요. 그래도 안 나아지면, 그때 알려주신 것처럼 '나는 괜찮다, 충분히 그런 마음 들 수 있다' 이런 말들을 주문처럼 중얼중얼 거려요. 그러다 보면 좀 괜찮아지더라고요."

"너무 잘 해주고 계세요. 대처 카드를 만들어 놓았

어도 막상 불안해지면 그것조차 생각이 안 나실 법한 데 꺼내서 읽기까지 하셨으니 대단하세요. 정말 마음이 많이 단단해 지신 것 같아요."

모란 씨는 칭찬이 어색했는지 멋쩍게 웃었습니다.

"감사해요. 예전에 불안이 막 올라올 때는 어떻게 해야 좋을지 몰라서 더 불안했었거든요. 그런데 이렇게 하니까 그전보다 더 불안해지는 건 없는 것 같아요. 아, 근데 좀 스트레스받는 게 하나 있어서 오늘 상담 오면 그 얘기 하려고 했어요."

"왜요, 뭐가 좀 불편한 일이 있으셨어요?"

"전부터 친구 하나 때문에 계속 스트레스를 받았었는데요, 그 친구가 좀 아무 생각 없이 말하는 스타일이라. 그때 2차 시술 실패하고 나서 마음도 울적하고, 만사 귀찮아서 누워 있는데, 위로해 준다고 나오라고 하는 거예요. 진짜 나가기 싫었는데 먼저 전화해 준 게 고마워서 겨우겨우 나갔거든요. 그랬더니 자리 앉자마자 자기 딸 얘기부터 시작하면서 계속 혼자 떠들더라고요. 걔가 결혼하자마자 임신해서 지금 애가 몇 개월이더라? 25개월이라고 했나? 하여튼 두 돌 지났다고 한 거 같은데, 계속 '애가 떼쓰기 시작하니까 너무 힘들다', '지금 어린이집을 보내야 하나, 36개월까지 기다려야 하나 고민 중이다' 뭐 이런 얘기들만 하더라고요."

"음, 그래도 친구 성의를 생각해서 겨우 나가셨을 텐데 자기 얘기만 하니까 마음이 많이 상하셨겠어요."

"그러니까요. 그래도 친구밖에 없네, 그러고 겨우 나간 거였는데. 뭔 애도 안 키워 본 사람한테 애 키우는 얘기를 왜 하는 건지. 근데 더 열받는 건요, 이렇게 한 30분을 떠들더니 한다는 말이 '넌 혼자라서 편하겠다. 애 키우는 거 너무 힘들어' 이러더라고요. 그러더니 전화받고 먼저 가버렸어요. 무슨 위로해 준다고 나오라고 하더니. 지 딸 얘기만 잔뜩 하고. 진짜 너무 화가 나서. 그냥 그 뒤로 의절했어요. 나를 뭘로 보는 건가 싶고. 그때 뭐라고 못 해준 게 아직도 후회스럽고, 화가 나요."

두 번째 시술에 실패하고, 힘들어하고 있는 친구에게 '넌 혼자라서 편하겠다'라는 말을 하다니요. 움직이기 쉽지 않은 몸과 마음으로 겨우 앉아 그 말을 듣고 있는 모란 씨 마음은 어땠을까요?

"지금 모란 씨 앞에 그 친구가 앉아 있다면, 어떤 말을 하고 싶으세요? 모란 씨의 마음을 잘 전달할 수 있도록 한 번 직접 이야기해 보면 어떨까요?"

"아, 지금 친구가 있다 생각하고 말해보라는 거죠?"

"네. 하실 수 있으시겠어요?"

"이런 건 처음 해 보는데, 한 번 해볼게요."

모란 씨는 처음에는 어색해 하더니, 이내 이야기를 시작했습니다.

"야, 이 계집애야. 너 그렇게 사는 거 아냐. 지금 실패해 가지고 누워 있는 친구한테 혼자라서 편하겠다는 말을 어떻게 할 수가 있냐? 너가 그렇게 말하면 내가 상처받는다는 거 몰랐니? 아이 키우는 고민은 나한테 할 게 아니고, 너희 남편이랑 해야지. 다음에 또 볼 일도 없겠지만, 앞으로 다시 만나면 조심해라. 하하하! 아, 쑥스럽네요."

"하하하! 잘 하셨어요! 이제 마음이 좀 어떠세요?"

"이렇게 사람이 내 앞에 있다 치고 말하는 것도 좋은 방법이네요. 저는 아무 말도 못 하고 집에 와서는 속에서 부글부글 거리는 걸 어떻게 하지도 못하고 참고 있었거든요. 속이 좀 시원해진 것 같아요."

모란 씨의 마음은 조금씩 치유되는 것 같았습니다. 표정도 한결 부드러워졌고요. 후에 들은 이야기인데, 그날 저녁, 모란 씨는 남편과 한 번 더 친구를 향해 시원하게 쏟아냈다고 하네요. 맥주 한 잔 곁들여서 말이죠.

공감 부재 VS 공감 부자

착하지만, 눈치가 없는, 그렇지만 미워할 수 없는 친구 한 명쯤은 있으실 겁니다. 저에게도 그런 친구가 있는데요, 이 친구는 꼭 말해야 하는 순간과 그냥 넘어가야 하는 순간을 잘 구분하지 못합니다.

두 해 전인가요? 함께 쇼핑을 하다가 눈에 확 들어오는 옷을 발견했습니다. 옷을 제 몸에 대보며 '어머, 이거 예쁘다, 어때?'하고 물었더니, 이 친구는 아주 군더더기 없는 명확한 피드백을 하더군요.

"예쁘긴 한데... 우리 나이에 어울릴까? 이건 우리 딸이 입으면 더 예쁘겠다, 야."

그래요, 저도 압니다. 제 눈에도 반백이 넘은 아줌마가 입기에는 조금 무리 있어 보였으니까요. 그래도 친구가 "어머, 그래 예쁘다. 한 번 입어봐!"라고 말해줬다면 얼마나 친구가 고마웠겠습니까? 아니, 좀 더 과장해서 "뭐 이런 옷은 젊은 사람들만 입으란 법 있니?"하고 장단을 맞춰줬다면 제 기분이 또 얼마나 좋았겠습니까? 더 재미있는 것은 그렇게 말해 놓고 정작 본인은 그저 해맑습니다.

오랜 시간 이 친구를 겪어본 바로, 전혀 악의가 없는 말임을 잘 알 수 있습니다. 물론, '어울리지도 않는 옷을 입어보겠다는 거냐?'고 핀잔 주는 것은 더더욱 아니라는 것도요. 그런데 저는 왜 이 친구의 솔직 담백한 말에 마음이 불편했까요? 그 말에 나를 공격하고자 하는 뜻이 전혀 없음을 너무도 잘 알고 있는데 말이죠.

가장 큰 이유는 '공감 부재' 때문입니다. 그 옷을 만지작거린 것은 '내가 지금 이 옷을 입겠다'가 아니라 '이 옷이 어울렸을 예전의 나'를 그리워하는 마음의 표현입니다. 그런데 친구의 공감 부족으로 그 옛날의 추억이 말끔하게 씻어 없어졌으니 서운한 마음이 들었던 게지요.

이렇듯 사소한 순간에도 공감이 부족하면 상대방의 감정을 놓치기 쉽습니다. 이 공감 부족으로 갖는 마음의 상처는 난임을 겪는 여성들이 일상에서 자주 경험하는 것이기도 합니다.

제가 몇 해 전까지 꾸준히 듣던 질문이 있습니다.

"아이는 몇 명이에요?"

"저는 아이가 없는데요."

'이 세상 모든 사람은 자녀가 있다'는 기본값을 가진 질문이죠. 그다음 이어지는 질문은 저의 생각을 얼어버리게 할 만큼 놀라웠습니다.

"왜요?"
"……"

속으로 답합니다.

왜라고 물어보면 뭐라고 대답해야 하는 거지? 없으니까 없는 건데.

처음 몇 해 동안은 왜냐고 묻는 말에 대답해 줄 말을 찾지 못해 이런 질문과 답이 오가는 것 자체가 스트레스였습니다. 그러나, 몇 해를 더 보내고 나니, 이럴 땐 그저 미소 한 번 지어 보이면 그만이라는 것을 알고는 그 이후로 쭉 이런 반응에는 미소로 대답해 줍니다.

"은수 씨는 어떠세요? 남편분이 늘 든든하게 옆에

서 지켜주신다고 들었는데요."

"네. 저는 정말 감사한 게, 남편도 그렇지만 시부모님도 이제까지 아기 얘기로 상처되는 말씀 하신 적이 없어요. 오히려 친정 부모님보다 더 편하게 해주세요. 너무 감사하죠. 물론 마음속으로 기다리고 계시겠지만요."

"남편뿐만 아니라 시부모님까지 그렇게 은수 씨를 편하게 대해 주시니 정말 든든하시겠어요. 친구들과 관계는 어떠세요?"

"친구들도 모두 공감도 잘해주고 좋아요. 무엇보다 말을 함부로 하지 않으니까 상처받을 일이 없는 것 같아요. 우리 모임 안에는 아이가 있는 친구도 있고, 아직 미혼인 친구도 있는데, 서로 다 아는 내용으로 대화하자는 분위기라서 소외되는 사람이 없어요."

은수 씨가 늘 시술이 실패할 때마다 마음의 회복이 빠르다고 느꼈었는데, 이제 그 이유를 알 것 같습니다. 좌절과 상처로 무너진 마음의 공간을 남편과 시부모님, 그리고 친구들이 따뜻한 공감으로 채워준 덕분이겠지요.

모든 난임 여성들이 이렇게 공감과 지지를 아낌없이 받을 수 있다면 얼마나 좋을까요? 하지만, 아쉽게도 아직은 '난임'으로 공감받기는 어려운 사회인 것 같습니다. 아마도 '난임'에 대한 정보가 부족한 까닭이 아닐까 합니다. 난임 경험이 없는 사람들이 '동결배아'니, 'PGT 검사'니 하는 용어를 알 수도 없을뿐더러, 그런 이야기가 뭐 그리 흥미롭겠습니까? 그러니 서로가 '난임' 이야기를 꺼내 놓기가 쉽지 않을 테죠.

난임을 공감한다는 것이 다소 어려울 수 있습니다. 하지만, 생각의 방향을 조금만 바꾼다면, 그리 어려운 일만은 아닙니다.

우선, '왜?'보다는 그들의 마음이 '어떤지'에 먼저 집중해 보세요. 그리고, 눈을 맞추고 귀 기울여 보세요. 이 자그마한 변화가 난임인 내 아내를, 내 딸을, 그리고 내 친구를 웃게 해줄 수 있을 테니 말입니다.

얼마나 아프십니까?

“어디가 아프십니까? 하는 말보다 얼마나 아프십니까? 하는 말을 듣길 원해요.”

드라마 ‘의사 요한’ 중 제가 가장 좋아하는 대사입니다. 마취통증의학과 교수로 통증 환자를 진료하는 의사인 동시에 선천성 무통각증 환자로 통증을 전혀 느끼지 못하는 희소병을 앓고 있는 차요한. 어느 날, 그는 제자 강시영에게 환자들이 자신을 비난하는 꿈을 자주 꾼다고 말합니다.

“당신도 환자였어? 아픈 게 뭔지 알지도 못하면서 내 병, 제대로 진단한 거 맞아?”

이 꿈 이야기를 들은 강시영은 바로 이런 말을 해주죠.

“고통을 못 느끼는 대신, 병을 가진 환자여서 힘든 거, 슬픈 거, 그리고 외로운 거 누구보다 잘 아시잖아요. 환자들은 그런 거 알아주기 원해요. 어디가 아프십니까? 하는 말보다 얼마나 아프십니까? 하는 말을 듣길 원해요."

그녀의 말에 문득, 10분도 채 안 되는 짧은 만남을 가졌던 그 젊은 여자 의사가 생각나 속으로 중얼거렸습니다. 이 의사와의 이야기는 2장 '처음이라는 열차를 타고' 편에 있습니다.

난임 병원에 온 환자에게 어떻게 오셨어요? 하는 말보다 아기가 생기지 않아 얼마나 힘드셨습니까? 라고 말을 해 준다면 얼마나 좋을까? 나도 그 의사에게 이런 말을 들었다면 위로가 좀 되었을까?

우리는 종종 아이가 없는 사람에 대해 '아이가 없으니 이런 마음일 거야'라며 추측할 때가 있습니다. 정작 그 사람의 마음은 어떤지 알려고도 하지 않으면서 말이죠.

"아이는 몇 살이에요?"
"저는 아이가 없는데요."
"아, 죄송해요."

"……"

'왜요?'와는 다른 반응이었지만, '죄송해요'라는 반응 또한 저를 당황하게 했습니다. '아이가 없는 사람에게 이런 질문을 하는 건 실례였다'고 생각해서였는지 굉장히 난처한 태도로 죄송하다고 하더군요. 아마도 '아이가 없는 것은 아픔이니, 나는 이 사람의 아픔을 건드렸다'라고 생각했던 것 같습니다. 분명 저를 배려한 사과였지만, 그 사과조차 어딘가 불편했습니다.

내가 아이가 없으니 아픔을 갖고 있을 거라고 어떻게 단정 짓지?

아이가 없는 것이 무조건 슬픔이나 아픔으로 연결되는 것은 아닙니다. 그럼에도 '아이가 없는 것=불행'이라는 공식을 모든 난임 여성들에게 대입하여 이들을 불쌍한 존재로 바라보려는 것은 아닌지. 그들의 마음과는 무관하게 말이죠.

그 영향으로 난임 여성 자신도 덩달아 '아이가 없으면 불쌍한 존재'라는 생각을 갖는 것 같습니다. 아이가 없으니 나는 불쌍하고, 무가치한 존재임을 스스로에게 각인시키는 것이죠. 이러한 생각은 어서 빨리 시술이 성공해 사랑받는 존재로 거듭나길 간절히 바라게 합니다. 그리고 이 간절함이 자라 마음에 조급함을 만들어내고, 실패할 때마다 더 큰 절망감과 자기 비하에 빠지도록 합니다. 때로는 반드시 성공해야 한다는 압박감을 줄 수도 있습니다.

우리의 생각보다 그들의 생각이 먼저이길 바랍니다. 아이가 없으니 이런 마음일 것이라는 추측보다 그들의 마음이 어떤지, 또 어떤 부분이 얼마나 힘든지를 살펴준다면 참 좋겠습니다.

임신이 잘 안될 때 마음이 어때?

주변에서 임신 소식을 들을 땐 어떤 마음이 들어?

난임 시술을 받을 때 어떤 점이 제일 힘들어?

시술 실패했을 때는 어떻게 하는 게 도움이 될까?

우리의 물음이 '왜?' 가 되지 않는다면, 그들의 마음이 한결 편안해지리라 믿습니다.

힘내라는 말, 그만 듣고 싶어요

여러분은 '힘내!'라는 말이 어떻게 들리시나요? 저는 시험 보기 전날, 지인들에게서 '힘내! 시험 잘 보고.'라는 메시지를 받으면 '아, 혼자가 아니구나!'하는 마음 따뜻함을 느끼면서 마지막까지 힘을 내게 됩니다. 이렇듯, 누군가가 나에게 이 말을 해준다면 격려를 받는 것 같고, '그래, 해보자!'는 마음이 불끈 들도록 합니다. 말 그대로 힘이 나게 하는 말은 맞는 것 같습니다.

하지만, 난임을 경험하는 여성에게 '힘내'라는 말은 나의 의도와는 달리 부정적인 영향을 미칠 수도 있습니다. 용기와 격려를 받기보다는 오히려 잘해야 한다는 부담감이나 실패에 대한 책임감을 느끼게 할 수 있기 때문이죠.

난임은 단순히 의지나 노력으로 해결되는 문제가 아닙니다. '힘내'라는 말은 그들의 복잡한 감정을 간과하고 단순히 더 노력하라는 뜻으로 받아들여질 수 있는데요, 이미 어려운 상황을 겪고 있는 난임 여성에게는 '충분히 노력하지 않고 있다'거나 '더 잘해야 한다'라는 압박감을 줄 수도 있습니다.

저와 상담 중인 다인 씨는 얼마 전, 시술을 앞두고 친구에게서 '힘내'라는 메시지를 받았습니다. 어쩌면 '이번 시술이 잘 돼서 임신에 성공했으면 좋겠다'는 친구의 강한 염원이 담긴 메시지일 수도 있고, 아니면 의례 통상적으로 하는 말처럼 보낸 메시지일 수도 있습니다. 우리 눈에는 평범하게 보이는 이 위로와 격려의 말이 다인 씨에게는 어떻게 느껴질지 그녀의 이야기를 들어보겠습니다.

"지난번 시술 앞두고 친구한테서 '힘내, 파이팅'이라고 메시지가 왔었는데요, 기분이 별로 좋지 않더라고요."

"힘내라는 말이 좀 안 좋게 느껴지셨어요?"

"네. 뭐랄까? 제가 아무래도 좀 예민한 상태여서 그랬는지 내가 힘낸다고 결과가 좋아지나? 지금까지도 시술받느라 힘들었는데, 난 그럼 어디까지 힘을 써야 하는 거야? 뭐 이런 복잡한 감정이었어요."

"어떤 감정이셨을지 충분히 이해돼요. 혹시 그동안 해온 노력이 인정받지 못한 것 같은 기분도 드셨나요?"

"맞아요. 그런 마음도 있었어요. 그냥… 나는 없고, 아기 낳는 도구가 된 듯한 느낌이라고 해야 하나?"

"음, '나'라는 사람은 없어지고, 아기 낳는 도구가 된 것 같은 느낌이 드셨군요. 과장해서 말하면, '너 감정이야 어떻든 너는 힘내서 아기를 낳아야 한다.' 이런 느낌이셨을까요?"

"맞아요. 딱 그렇게 느꼈어요. 그래서 그렇게 기분이 안 좋았던 것 같아요. 물론 친구가 그런 뜻으로 한 말은 아니겠지만. 친구뿐만 아니라 시술받을 때마다 여기저기서 힘내라는 말을 많이 하거든요. 그럴 때마다 고맙다는 생각보다 힘들다는 생각이 더 들어요. 이제 힘내라는 말, 그만 듣고 싶어요."

'아기 낳는 도구'가 된 것 같다는 말은 다인 씨에게서 처음 듣는 것이 아닙니다. 난임 상담을 하다 보면 정말 많은 내담자들이 호소하는 주제 중 하나입니다. 심지어 그 이유 때문에 시술을 중단하는 사례도 있으니 말입니다.

내가 도구가 되었으니, '그 쓰임을 다 해야 한다'는 부담감과 '쓰임을 다 하지 못하면 나는 더 이상 존재 가치가 없다, 버려질지도 모른다'고 생각할 수도 있습니다. 그 때문에 있는 힘을 다해 이번 시술이 '반드시 성공을 해야 한다'는 압박감으로 심리적 어려움을 느끼기도 합니다. 그런 난임 여성에게 '힘내'라는 말은, 달리는 말에 쉼 없이 채찍질을 가하는 것과 같겠지요.

'힘내라는 말, 그만 듣고 싶어요'라고 말하는 다인 씨에게서 쉼이 필요함이 느껴집니다.

이제 '힘내'라는 말보다,

'너는 정말 최선을 다하고 있어.

이 과정이 얼마나 힘든지, 그리고 너의 감정이 얼마나 복잡한지 충분히 이해해.

그리고 네 노력을 존중해.'

라는 말로 응원의 메시지를 보내는 것은 어떨까요?

2장

늘 움츠러든 마음으로

난임 시술로 마음까지 움츠러든 당신과 함께

처음이라는 열차를 타고

누구에게나 '처음'은 특별한 것 같습니다. 처음에는 누구나 낯설고 익숙하지 않은 상황을 경험하게 되죠. 그렇기 때문에 기대하는 마음과 두려운 마음이 공존하게 됩니다.

난임 여성들에게 있어 시술에 대한 '처음' 또한, 특별하고 복잡한 감정을 마주하는 순간이 아닐까 합니다. 시술이라는 큰 결정을 내린 용기 뒤편에 숨겨놓은 기대와 두려움을 고스란히 느끼는 순간이기도 하죠. 어쩌면 그 감정들을 남모르게 속으로 삼켜야 하는 순간도 있을 테고요.

시술을 처음 맞이하는 난임 여성들이 느끼는 감정들은 다양할 수 있습니다. '이 시술이 나에게 긍정적인 결과를 가져다줄까?'라는 희망과 가능성을 기대할 수도 있고, 가족의 과도한 관심과 기대에 대한 부담감으로 스트레스를 경험할 수도 있습니다.

'나도 난임일까?' 가슴 졸이며 처음 병원을 방문했

을 때의 경험 또한 잊지 못할 순간일 수도 있겠고요. 처음 가보는 난임 클리닉, 그 문을 열고 첫 발을 내디뎠을 때의 기분, 처음 받아 보는 나팔관 검사의 뻐근한 느낌, 알아듣기 어려운 난임 용어들 등등.

처음 만나는 의사의 태도는 어떻게 느껴졌을까요? 또 그 의사와의 첫 대화가 이후 과정을 시작하는 데 어떤 영향을 미쳤을지. 난임 시술은 단순히 의료적 치료만 준비하는 것이 아니라 정신적, 감정적인 준비도 필요합니다.

이번에는 저의 난임 이야기를 해 볼까 합니다. 제 난임의 '처음'은 그리 좋지 않은 경험이었습니다. 난임 클리닉에서 첫 진료를 받은 때가 1998년이었던 것으로 기억합니다. 그 당시에만 해도 정보를 얻기가 그리 쉽지 않은 때였지요. 난임에 관해 유일하게 정보를 얻을 수 있는 곳은 잡지나 관련 서적뿐이었으니까요.

여러 정보들을 모으면서 어쩌면 '내가 난임일지도 모르겠다'는 생각을 했고, 여러 날 고심 끝에 난임병원에 가보자 결정을 내렸습니다. 그러고는 한 치의 망

설임 없이 귀동냥으로 들은 인천의 유명한 '난임 클리닉'을 찾아갔습니다. 마치 감기몸살로 내과에 진료 받으러 가듯 말이죠. 지금 생각해도 어디서 그런 용기가 나왔는지 놀랍습니다.

이름이 불리고, 진료실 안으로 들어갔습니다. 젊은 여자 의사가 앉아 있었습니다. 그런데 그 진료실 내부 구조가 특이하다 생각했습니다. 의사와 환자 위치가 'ㄱ' 자로 되어 있어서 서로를 마주 볼 수 없는, 그러니까 일부러 의사가 고개를 돌려 보지 않는 한, '의사바라기'마냥 환자만 의사의 옆얼굴을 뚫어져라 볼 수 밖에 없는 그런 구조였습니다.

"어떻게 오셨어요?"

젊은 여자 의사는 고개를 살짝 돌려 물어보았습니다. 예상했던 질문이 아니었습니다. 적잖이 당황한 저는 속으로 생각했습니다.

여기 난임 클리닉 아니야? 어떻게 오셨냐고 왜 물어보는 거지?

"결혼 한 지 지금 3년짼데 아직 아기가 안 생겨서요. 처음 2년은 피임을 했고, 이제 아기를 가져보려고 하는데 잘 안돼서 왔어요."

내키지는 않았지만 나름대로 성실하게 답했습니다. 지금 생각해 보면 왠지 젊은 여성 앞에서 나의 치부를 드러내는 것 같아 내 입으로 말하기 싫었던 것 같습니다.

'ㄱ'자 위치에 앉은 그 젊은 여자 의사가 이번에는 고개도 돌리지 않고, 차트에 글씨를 휘갈기며, 감정이 모두 빠져 차갑기조차 한 말투로 이렇게 말했습니다.

"인공수정하면 돼요."

아주 짧은 찰나의 순간이었지만, 정말 많은 생각들이 훅훅 지나갔습니다.

처음부터 인공수정을 해야 할 만큼 나는 아기를 가질 수 없는 몸인가?

그렇다면 나는 여자로선 끝인 건가? 아직 나는 건강한 젊은 여잔데?

나는 지금 너무 혼란스러운데 저 의사는 어쩌면 저렇게 아무렇지도 않은 것처럼 말하지?

아직 서른도 채 되지 않은 어린 새댁이 감당하기에는 너무 버거운 순간이었습니다. 어쩌면 환자가 지금 혼란스러워하든, 버거워하든 아랑곳하지 않고, 제 할 일에 열중하고 있는 진료실 안의 공기가 그 새댁을 더 버겁게 했을지도 모릅니다.

그렇게 눈 한 번 제대로 맞춰보지 못한, 10분도 채 되지 않은 그 젊은 여자 의사와의 만남은 이렇게 끝났습니다. 더 정확히 말하면, 제 난임의 처음은 이렇게 상처의 흔적만 남기고 끝이 났습니다.

내가 난임일지도 모른다고 생각한 그 순간부터 그 낯선 진료실 의자에 앉기까지 고민하고, 두려워했던 나의 복잡한 감정을, 차트에 휘갈긴 글씨만큼이나 아무렇지 않게 내뱉은 그 한 마디와 맞바꿨던 그날의 상처는 꽤 오래갔습니다. 그 이후로, 이 상처를 꺼내 보인 적이 없으니, 어쩌면 지금까지도 제 마음 깊숙한 곳 어딘가에 묻혀 있을지도 모르겠습니다.

그날 이후로 난임 치료에 임했던 저의 태도는 지금 생각해도 너무 성의 없었습니다. 도무지 적극적으로 무엇을 배란유도든, 인공수정이든 해 볼 마음이 생기지 않았습니다. 저의 처음이자 마지막이었던 시험관 시술을 2014년에 받았으니, 15년이 넘는 시간을 그 상처에 갇혀 살면서, 시술을 회피했던 것 같습니다.

물론 한 번의 시술을 끝으로 자녀 없는 삶을 결정한 것은 저의 선택이었습니다. 그 의사의 공감 없는 차가운 한 마디 때문에 지금 내가 자녀 없이 살게 되었다고 탓하거나 원망하는 것은 절대 아닙니다.

다만, 제 첫 난임 이야기를 통해 모든 것이 낯설고, 두렵기까지 한 난임의 처음을 이야기하고 싶었을 뿐입니다. 그리고 조금 더 욕심을 낸다면, 그 처음을 마주하고 있는 난임 여성들의 복잡한 감정을 함께 느껴주었으면 하는 것입니다.

'처음'이라는 열차에 타신 이 땅의 모든 난임 여성들의 용기에 큰 박수를 보냅니다!

열차는 출발했습니다

이제 처음이라는 열차는 목적지까지 안전하게 도착하길 바라는 마음을 담아 출발했습니다. 가는 길은 순탄할지, 그 길을 가는 동안 내 마음은 어떨지, 나의 바람대로 한 번에 도착하게 될지. 이 길을 가는 동안, 어떤 이의 가슴에는 새로운 길을 선택한 설렘과 기대로 가득할 수 있고, 어떤 이의 가슴에는 한 치 앞도 내다볼 수 없는 이 상황에 걱정과 불안만 가득할 수도 있습니다.

"막연한 두려움이 있었어요."

미현 씨가 난임 시술을 처음 시작할 때 느꼈던 감정은 두려움이었습니다.

"주사도 내가 스스로 맞아야 하고. 해보지 않았던 걸 이제 해야 하니까요."

맞습니다. 난생처음 해보는 난임 시술의 모든 것이 생소하고, 어렵습니다. 난임 진단서를 발급받고, 시술

비 지원 신청을 하는 등 서류를 준비하는 것부터 약을 먹고, 주사를 놓는 등 집에서 혼자 해야 하는 것까지 모르는 것투성입니다.

병원에서 복약 방법을 알려주지만, 처음 듣는 용어에 익숙하지 않은 약 이름들이 한 데 섞여 이해하기가 무척 어렵습니다. 다시 물어보고 싶지만 포기하고 집으로 돌아옵니다. 병원에 환자가 너무 많아 되물어보거나 질문을 하는 것이 여의찮습니다.

인터넷 난임 카페에서 그 비슷한 답을 찾아보지만, 경험도, 해결 방안도 모두 제각각 이어서 이마저도 쉽지 않습니다. 가장 비슷한 답을 찾더라도, 그대로 따라 했다가 낭패를 보았다는 사람도 더러 있으니, 전적으로 믿고 따라 할 수만은 없는 일입니다.

안 그래도 어느 것 하나 익숙한 것이 없는데 책임만 늘어나는 것 같아 '시술을 받자' 용기 낸 마음에 두려움이 스멀스멀 올라오기 시작합니다. 시간에 맞춰 약을 먹고, 주사를 놓고, 정기적으로 병원을 방문하는 모든 과정을 하나하나 실수 없이 해야 합니다. 어느 것 하나라도 제시간, 제날짜에 하지 못하면 시술 결과에 영향을 줄 수 있으니, 이 또한 난임 여성에게는 피할 수 없는 두려움일 것입니다.

주희 씨는 난임 시술을 시작하고부터 가슴에 바위를 얹어 놓은 것 같이 답답하면서 숨도 잘 안 쉬어지고, 밤에 잠을 자는 것이 어렵다고 합니다.

"처음 배에 주사를 놓았는데 기분이 좀 이상했어요. 그때부터 이것저것 생각도 많아지고, 걱정도 되고, 가만히 있는데도 막 불안한 마음이 들더라고요."

"그 느낌 잘 알 것 같아요. 내가 내 배에 주사를 놓는 그런 모습도 낯선 데다 내가 지금 뭐 하고 있는 건가? 하는 생각들이 떠올라서 저도 한동안은 마음이 좀 힘들더라고요."

"맞아요. 배에다 주사를 놓고 있는 내 모습을 보니까 참 수치스럽기도 하고, 이렇게까지 해야 하나? 싶기도 하고. 그러면서 한편으론 이렇게까지 했는데도 안 되면 어떻게 하지? 과연 성공할 수 있을까? 한 번에 성공해야 할 텐데, 실패하면 어쩌지? 이런 생각들이 꼬리를 물고 계속 올라오니까 막 불안해지더라고요."

"그런 생각 드시는 거 당연하죠. 충분히 이해됩니다. 가능하면 실패 없이 한 번에 성공했으면 하는 바람은 누구나 다 갖고 있으니까요."

"그러니까요. 저도 저지만, 양가 부모님들이 너무 기대하고 계시니까. 실패했을 때 실망하실 것 같아서 걱정이에요. 그럼, 그 얼굴을 어떻게 보나 싶고요. 그리고 또 시간 맞춰서 약 먹고, 주사 놓는 거 모두 내가 해야 하는 거니까 나중에 실패하게 되면 전적으로 제 책임이잖아요. 그걸 어떻게 감당할 수 있을까 하는 생각들 때문에 불안해지는 거 같아요."

주희 씨는 처음 시도하는 시술에 이것저것 생각이 많은 것 같아 보였습니다. 아무래도 한 생명을 품는 일이니 소홀히 할 수 없는 마음에서 일 거라 생각합니다.

"아무래도 시술이 처음이다 보니, 나의 실수로 안 좋

은 결과가 나올지도 모른다는 생각도 드실 테고, 실패했을 때 예상되는 여러 가지 상황도 계속 떠오르실 거라고 생각해요. 나 자신에게 내가 느끼는 이 모든 감정은 당연하다는 것을 알려주세요. 그리고 한 번의 시도로 성공할 수도 있고, 성공하지 못할 수도 있다는 두 가지 결과를 모두 인정하셨으면 좋겠어요. 그럼 '실패 없이 한 번에 꼭 성공해야 한다'라는 마음의 불안이 훨씬 줄어들 거예요. 주희 씨 옆에는 늘 함께하는 사람들이 있잖아요. 그러니 혼자 모든 것을 다 짊어지려고 하지 마세요. 용기를 내신만큼 이 과정을 마치고 나면 훨씬 강해져 있을 거예요. 저도 함께 할게요."

주희 씨가 느끼는 걱정, 두려움, 불안. 그것은 어찌 보면 자연스러운 감정입니다. 내가 원하지 않았지만 나를 찾아온 난임과 이제야 제대로 얼굴을 마주하고 있다는 증거이니까요. 내가 얼마나 나의 상황을 진지하게 고민하고, 해결하려 노력하는지를 보여 주고 있는 책임 있는 모습이기도 합니다.

엄마가 되기 위한 노력에 대한 책임, 그리고 그 책임을 다하기 위해 두려움과 기꺼이 맞설 용기, 저는 이것을 '책임 있는 용기'라고 부르고 싶습니다.

기꺼이 그 책임을 다하기로 다짐하며, 이제 막 열차에 오른 주희 씨의 모습이 참 아름답습니다.

나의 감정, 얼마나 알고 있나요?

아기를 만나기 위해 이제 본격적인 준비에 들어가게 될 텐데요, 먼저 난임 시술은 어떻게 이루어지는지 알아보고, 단계마다에는 어떤 감정을 경험하게 되는지 살펴보겠습니다. 이렇게 미리 알고 있는 것만으로도 앞으로 마주하게 될 나의 감정을 다루는 데 도움이 될 것입니다.

시험관 시술IVF, In Vitro Fertilization 과정[7]은 난임 여성

7) 서울아이앤여성병원, <난임시술과정>,
http://www.in-fertilityclinic.com/about/process.do.

들에게 감정적으로나 신체적으로 큰 여정을 의미하죠. 많은 분들이 그 과정이 생소하거나 복잡하다고 느낄 수 있습니다. 간단히 말하자면, 시험관 시술은 난자와 정자를 체외에서 수정하여 배아를 생성하고 이를 자궁에 이식하는 과정입니다. 단계별로 하나씩 살펴보며 이야기해 보겠습니다.

1. 기초 검사 및 준비 단계

여성과 남성 모두 난임의 원인을 확인하기 위해 기본적인 검사호르몬 수치, 난소 기능, 정자 상태 등를 진행합니다. 시술에 적합한 방법을 결정하고, 여성의 생리 주기에 맞춰 시술 일정을 조정합니다. 이 단계에서 많은 여성들이 긴장감을 느낍니다. 검사 결과가 예상치 못한 방향으로 나올까 봐 두려워하거나, 한편으로는 기대감을 갖기도 합니다.

2. 배란 유도

난소를 자극하기 위해 호르몬 주사주로 FSH, LH를 맞습니다. 이를 통해 여러 개의 난자가 동시에 성숙하도록 유도합니다. 동시에 자라는 난자가 조기에 배란되지 않도록 억제하는 주사 종류에 따라 단기요법[8]과 장기요법[9]으로 나눌 수 있습니다. 배란 유도 주사는 보통 생리 2~3일째부터 시작하여 약 1~2주 동안 사용합니다. 난포의 성장을 관찰하기 위해 3~4일 간격으로 내원하여 초음파 검사를 시행합니다. 매일 주사를 맞고 병원을 방문하는 과정이 신체적, 정신적으로 부담스럽게 느껴질 수 있습니다. 특히 주사의 부작용복부 팽만감, 피로 등을 경험할 수 있어요. 하지만 난자의 성장이 확인될 때마다 희망을 느끼기도 하니, 너무 염려하지 마세요.

---

8) 단기요법: 생리 2일째부터 피하주사(GnRH agonist)를 시작하여 과배란 주사와 병행하는 방법으로 장기요법에 비해 난소기능이 떨어지는 여성들에게 적용되는 경향이 많은 프로토콜

9) 장기용법: 생리예정일 7~10일 전부터 피하주사를 투여하고, 생리후 과배란 주사와 병행하는 방법으로 장기간 주사를 맞고 병원방문이 더 긴 부담감이 있으나 난포성장이 고른 안정감이 있어 많이 사용하는 프로토콜

3. 난자 채취

난자 채취 전 36시간, 보통 이틀 전 저녁에 난포 성숙 주사를 맞습니다. 난자가 적절히 성숙했을 때, 짧은 전신 마취하에 난자를 채취합니다. 이는 초음파를 보며 난소에서 난자를 채취하는 과정입니다. 채취는 대개 30분 정도 소요되며, 같은 날 남성의 정자를 채취하여 수정 준비를 합니다. 짧은 시술이지만, 마취와 침습적 과정에 대해 걱정하거나 긴장감을 느낄 수 있습니다. 동시에 '난자가 잘 채취되었을까?'라는 기대감도 함께 느끼게 되죠.

4. 체외 수정 및 배아 배양

난자 채취 후 성숙도를 평가하여 자연수정 또는 세포질 내 정자주입술ICSI, 미세수정[10]을 시행하여 수정을 유도합니다. 체외에서 난자와 정자를 결합하여 수

10) ICSI, 미세수정: 난자를 현미경으로 확인하여 고정한 후, 아주 가는 바늘을 통해 정자를 직접 난자 세포질 내에 주입하여 수정을 유도하는 방법

정이 이루어집니다. 성공적으로 수정된 배아는 3~5일간 배양되며, 그 후 가장 건강한 배아를 선택해 이식하거나 상황에 따라 동결할 수 있습니다. 배아 배양 중에는 배아가 어떻게 성장하고 있는지 의사로부터 소식을 듣게 됩니다. 배아가 잘 자라고 있다는 소식을 들을 때 희망이 커지지만, 배양 실패 가능성에 대한 불안도 남아 있습니다.

5. 배아 이식

일반적으로 난자 채취 2~6일 후에 시행하며, 환자의 나이 및 배양일에 따라 1~3개까지 이식합니다. 이는 비교적 간단한 시술로, 보통 마취 없이 진행됩니다. 배아 이식 후에는 자궁 내막에 배아가 잘 착상되도록 프로게스테론 같은 약물을 복용합니다. '이 배아가 내 자궁에 잘 착상될까?'라는 기대와 긴장감이 공존합니다. 또 시술 후에는 과도한 움직임을 자제해야 합니다. 결과를 기다리는 시간이 가장 길고 조심스러운 단계입니다. 이 시기에 과도한 불안과 초조함으로 인해 심각한 스트레스를 겪는 예도 있습니다.

6. 임신 확인

배아 이식 후 약 10~14일 후에 혈액 검사를 통해 임신 여부를 확인합니다. 이 과정이 가장 감정적으로 긴장되는 순간입니다. 임신이 확인되면 피검사일 기준 약 10일 뒤 초음파로 아기집을 확인하면 시험관 시술 과정은 마무리됩니다. 임신 성공 소식을 듣는다면 큰 기쁨을 느끼지만, 실패할 때는 심리적 충격을 받을 수도 있습니다. 이때 심리 상담 등 전문가의 도움을 받거나, 자조모임 또는 가족의 지지를 통해 심리적 안정을 회복할 수 있도록 하는 것이 매우 중요합니다.

이렇게 난임 시술의 과정과 각 단계별로 경험하는 감정의 특징을 알아보았습니다. 난임 시술은 준비 단계부터 임신을 확인하기까지 기다림과 긴장의 연속입니다. 또 그 과정 안에서 느끼는 감정은 사람과 환경에 따라 다르게 나타납니다. 예상치 못했던 감정들이 불쑥불쑥 튀어나와 주위 사람들을 당황스럽게 만들기도 하고, 나 자신도 그 감정을 이해하지 못해 자책하기도 하죠.

이제 저와 함께 발걸음을 옮겨, '난임'의 삶으로 들어가 보겠습니다. 그 안에서 울고, 웃으며 나만의 이야기를 만들어 가는 여성들의 삶을 만나게 될 것입니다. 그들의 이야기가 어느 날, 나에게 찾아온, 또는 찾아올 그 낯선 감정을 이해하는 데 도움이 되었으면 좋겠습니다.

샷 추가 한 카페라테 좋아하세요?

큰 키에 시원시원한 성격을 지닌 새솔 씨는 상담에 올 때마다 샷 추가한 카페라테를 두 잔씩 들고 옵니다. 심적으로 많은 고통을 호소하는 고위험군 내담자를 제외하고는 첫 상담 때 거의 모든 내담자와 좋아하는 음식이나 영화, 취미 같은 소소한 이야기들을 짧게 나눕니다.

이렇게 이야기를 나누다 보면 처음에 흐르던 어색함이 서서히 풀리게 되는데요, 이때 상담자와 내담자 사이에 공통된 주제가 있다면 더 빠른 라포rapport[11)]형성을 기대할 수 있습니다. 이쯤에서 질문 하나 드리겠습니다.

"혹시 카페라테 좋아하시나요?"

'네'라고 대답하신 분들이 꽤 있을 것 같습니다. 그렇다면,

"혹시 샷 추가한 카페라테를 좋아하시나요?"

여기서부터는 호불호가 갈릴 수도 있겠습니다.

저는 카페라테를 참 좋아합니다. 그것도 샷 추가한 카페라테를 말이죠. 특별히 좋아하게 된 이유나 계기는 없습니다. '우유 맛이 많이 나는 카페라테는 커피

11) 상담이나 교육을 위한 전제로 신뢰와 친근감으로 이루어진 인간관계이다. 상담, 치료, 교육 등은 특성상 상호협조가 중요한데 라포는 이를 충족시켜 주는 동인(動因)이 된다(네이버 지식백과).

우유에 불과하다'는 이상한 맛의 철학이 생겨서인지

아마도 20대부터 즐겨 마셨던 삼각형 모양의 커피 우유 영향인 듯합니다

그저 매력을 못 느낄 뿐입니다. 그 이유 같지 않은 이유로 쌉싸름한 커피에 우유 맛이 나는 '샷 추가한 카페라테'를 좋아하게 된 지 꽤 여러 해가 되어 갑니다.

카페라테를 마시게 된 세월이 어림잡아 20년은 족히 될 텐데, 그 사이 '샷 추가한 카페라테' 마니아를 아직까지 만나지 못한 걸 보면, 그 맛이 그렇게 대중적이진 않아 보입니다.

새솔 씨를 처음 만난 이날도 같은 질문을 했습니다.

"새솔 씨, 카페라테 좋아하세요?"

그런데 놀랍게 이런 대답을 들려주었습니다

"네, 카페라테 좋아해요. 저는 꼭 샷 추가해서 마셔요."

깜짝 놀라 저도 모르게 반응해 버렸습니다.

"어머, 저도요!"

"어머나, 상담사님도 샷 추가한 카페라테 좋아하세요?"

두 사람은 그렇게 '샷 추가한 카페라테'를 좋아하는 이유에 대해 서로 맞장구를 치며 하나가 되고 있었습니다. 그 덕분에 새솔 씨와의 첫 상담은 꽤나 성공적이었습니다. 처음 만나는 사람에게 아무리 상담사라 하더라도 꺼내놓기 힘들었을 깊은 이야기들도 기꺼이 들려주었습니다.

그러나 한 가지 예상치 못했던 부작용이 생겼습니다. 상담 때마다 새솔 씨의 손에는 늘 '샷 추가 카페라테' 두 잔이 들려 있는 것입니다. 이제 그만 사 오셔도 된다고 아무리 말려도 소용없습니다. '저 센터에서 잘려요!'라고 말하면, '김영란법에 걸리지도 않는데요. 뭐! 제가 두 잔 다 마셨다고 할게요'라고 말합니다.

다음 상담 때도 어김없이 그녀의 두 손에는 카페라

테가 한 잔씩 들려 있습니다. 아, 달라진 것이 있다면 이제는 제가 뭐라고 말하기도 전에 이렇게 말합니다.

"제가 마시고 싶어서 사 왔어요. 오늘까지만 사 올게요."

그러고는 둘이 그저 웃습니다. 새솔 씨는 매 상담 때마다 열심히, 그리고 적극적으로 자신의 살아온 이야기며, 난임으로 힘들었던 이야기들을 꺼내놓았습니다. 아니, 쏟아냈다는 표현이 맞을 것 같습니다. 그동안 공감받기 쉽지 않은 난임 이야기를 어디에서든, 누구에게든 선뜻하기 어려웠을 겁니다. 그러니 이참에 꾹꾹 담아두기만 했던 그 이야기들을 쏟아내는 것이겠지요.

그 많은 아픔을 속으로 쓸어내리며 사느라 얼마나 힘들었을까요?

이곳에 와서라도 그 힘듦을 덜어내고 가세요.

그래야 또, 그다음을 감당할 힘이 생길 테니까요.

닭볶음탕에 소주 한 잔

그렇게 네 번의 샷 추가한 카페라테를 마시고, 여섯 번째 상담일이 되었습니다. 상담실로 들어오는 그녀의 손에는 아무것도 들려 있지 않았습니다. 드디어!

'오! 이제 더 이상 안 가지고 오기로 했나 보다'며 마음의 짐을 덜고 있는데, 심상치 않은 새솔 씨의 표정이 눈에 들어왔습니다.

안 그래도 늘 밝게 인사하면서 먼저 말을 시작하던 그녀가 오늘은 모기만 한 소리로 인사를 하는 둥 마는 둥 하더니, 자리에 앉아서도 말없이 손만 만지작거리는 것입니다. 표정은 잔뜩 굳어 있는 데다 눈도 마주치지 않길래 마음속이 많이 복잡하고 힘든가 보다 싶었습니다.

아무 말 없이 기다려 주었습니다. 마침 새솔 씨가 중요한 문자가 왔다며 답장을 보내도 되냐고 묻길래 편하게 하시라고 답해주었습니다. 아무래도 다른 것으로 환기를 시키고 나면 이야기를 시작하는 데 도움이 될 것 같아 잘 되었다고 생각했습니다. 역시 답장을 열심히 써서 보내고 난 후의 새솔 씨 표정은 한결 편해 보였습니다.

"지난주에는 진짜 시술을 그만할까도 생각했어요."

아이를 너무나 갖고 싶어 했던 그녀라 이 말에 적잖이 놀랐지만, 내색할 수 없었습니다. 그녀가 마음을 닫을까 걱정스러운 마음에 조심스럽게 물어보았습니다.

"어떤 마음에 그런 생각을 하셨을까요? 시술받으시는 게 많이 힘이 드세요?"

"그것도 그렇지만 그냥 제 자신이 너무 초라해 보이고, 죄책감이 들어서요."

"죄책감을 느끼시는군요. 새솔 씨가 느끼고 있는 그 죄책감은 어떤 마음에서 온 걸까요?"

"돈 때문이죠. 뭐. 시술 비용을 생각하면 일을 해야 하는데, 또 시술을 생각하면 일을 쉬어야 하고. 휴…. 남편 혼자 돈을 벌고 있는데 시술에 돈을 쓰고 있는 내 모습을 보면 좀 죄책감이 들어요. 또 그런 내가 너무 초라해 보이고."

처음 꺼내놓는 이야기입니다. 그동안 들려주었던 난임 이야기들은 대체로 '힘들었지만 잘 극복하고 있다'는 긍정적인 내용이었는데, 이번 이야기는 좀 더 깊숙한 곳에 있는 진짜 나의 감정을 꺼내놓은 느낌이라고 할까요?

새솔 씨는 현재 네 번의 시험관 시술을 했고, 결과는 모두 좋지 않았습니다. 그동안 일과 시술을 병행하느라 몸이 많이 약해진 상태입니다. 돈이 필요한 것도 있었지만, 지금 그만두면 경력 단절로 재취업이 어려울 것 같아 어떻게든 버텨보려 한 것도 있었습니다.

하지만, 두 번째 시술이 끝나고 새솔 씨의 체력은 다음 시술을 바로 이어가기 어려울 만큼 바닥이 나버렸습니다. 그제야 이렇게 하다간 몸도 시술도 모두 망칠 것 같다는 생각에 직장을 그만두었고요.

집에 있으면 몸도 마음도 편해질 테고 체력도 금방 회복될 것이라 기대했습니다. 그렇게 한, 두 달 보내고 부터는 남편 눈치를 보기 시작했습니다. 마음이 너무 불편해서 쉬는 것 같지 않았습니다. 왠지 남편이

전보다 퉁명스럽게 말하는 것 같고, 돈을 쓸 때마다 눈치를 주는 것 같더랍니다.

"마음이 많이 불편하셨겠어요. 그런데 새솔 씨가 객관적으로 보기에도 남편분의 행동이나 말이 전과 달라진 것 같은가요?"

"아니, 그게 사실 제가 그냥 사심 없이 봐도 전과 달라진 건 딱히 없는 것 같거든요? 제가 문제죠. 괜히 도둑이 제 발 저린다고 남편한테 미안하니까 스스로 눈치를 좀 보는 게 아닌가 싶고. 사실 시술 비용도 걱정이에요. 지금 나라에서 지원은 받고 있는데 자기 부담금도 만만찮거든요. 게다가 또 이게 언제 끝날지 모르니까. 지원 횟수가 다 끝나면 이제 그때부터는 백 프로 내 돈으로 해야 하고. 병원비 수납할 때마다 죄책감이 느껴져요."

그래요, 그럴 수 있습니다. 남편 혼자 돈 벌게 한 것도 미안한데, 나는 시술받느라 돈까지 쓰고 있다는 생각이 들 수 있습니다. 안 써도 되는 돈을 쓰고 있다는 생각도 들었을 테고요. 남편이 나를 짐스러워하는 것은 아닐까? 하는 마음에 괜히 남편 눈치를 보게 되는 것이겠지요.

시술이라도 한 번에 성공해 주면 좋으련만. 어쩌면 남편 혼자 돈을 버는 것도, 내가 이렇게 수치스럽게 죄인처럼 사는 것도 모두 '내가 임신을 못하기 때문'이라고 자신을 탓하고 있을지도 모르겠습니다.

그런 그녀에게 조심스럽게 제안했습니다.

"아마도 남편 분은 새솔 씨의 이런 마음과 생각을 잘 모르고 있을 것 같아요. 새솔 씨가 생각하고 느끼는 감정을 남편 분과 편안하게 나눠보시면 어떨까 합니다."

새솔 씨는 잠시 생각을 하더니, 마침 오늘 저녁 메뉴로 닭볶음탕을 하려고 했다며, 남편이랑 소주 한 잔 마시면서 솔직하게 이야기해 봐야겠다고 처음으로 환하게 웃어주었습니다.

앗! 새솔 씨, 시술 전에 소주는!

그래요, 소주 한 잔으로 내 마음의 불편함을 없앨 수만 있다면,

그래서 당신의 몸과 마음을 돌볼 여유를 찾을 수만 있다면 오늘만큼은 시원하게 한 잔(만) 하세요!

여자라서, 여자이기 때문에

이든 씨가 가장 빠른 일정으로 잡아 달라며 갑자기 상담을 요청했습니다. 이든 씨는 시험관 시술을 세 번 했는데, 한 번 착상에 성공했지만, 9주 차에 유산이 되었습니다. 2주 전에 네 번째 시술을 한 걸 알고 있었기 때문에 '혹시 결과가 안 좋게 나왔나?' 싶어 걱정 가득 안고 그녀를 만났습니다. 지난 상담 때까지만 해도 똑 부러지는 말투로 자기감정을 잘 표현하던 그녀였는데, 이날은 몸에도 목소리에도 힘이 느껴지지 않았습니다.

"오늘은 기운이 없어 보이는데요?"

“네, 이제는 좀 지치네요. 남편한테도 미안하고. 저 이번에도 실패했어요. 결과가 좋지 않을 때마다 내가 죄인 같고, 수치스럽고, 자존심도 상하고. 내가 여자라서 이런 일을 겪는다고 생각하니까. 죄인처럼 사는 게 너무 싫어요.”

“죄인 같다고 표현하실 만큼 마음이 많이 힘드신가 보네요. 혹시 시술이 실패한 게 내 책임이라고 생각하고 계신가요?”

“네. 맞아요. 다 내 책임인 것 같아요. 운동도, 음식도 하다못해 걸음걸이도 조심하려고 노력했는데 이게 계속 실패하는 걸 보면 분명 제가 뭔가 문제가 있어요.”

“내가 실패한 게 아니라 시술이 실패한 건데 그래도 나에게 문제가 있다고 생각이 드세요?”

“사실 이성적으로 생각하면 나에게 문제가 있다고 생각은 안 드는데, 그게 아니면 이유가 없으니까요. 내 몸에 이식을 했고, 내 몸 안에 착상이 되는 거니까 자꾸 저한테서 문제를 찾는 것 같아요.”

많은 난임 여성들과 시술 실패 후에 경험하는 감정을 이야기하다 보면 대부분 이든 씨와 비슷한 감정을 호소하는 것을 봅니다. 그런데 대부분의 여성이 그 감정을 누구와도 심지어 남편과도 공유하지 못하고 혼자서 싸우고 있다는 것입니다. '그 힘든 감정을 왜 혼자서 감당하느냐'고 물으면 '이야기해 봐야 공감도 못 받고 상처만 된다'고 답합니다.

그들의 이야기인즉슨, '당신 잘못이 아닌데 왜 자꾸 그런 말을 하느냐'며 오히려 남편이 어떤 이는 친정 부모가 자신에게 화를 낸다는 것입니다. 물론 '그런 부정적인 생각을 하면 당신만 힘드니 그런 생각 하지 말라'고 위로의 말을 했을 거라 생각합니다. 그러나, 안 그래도 나 때문에 실패한 거라고 자책하고 있는 아내 입장에서는 화를 내는 남편이 서운할 뿐입니다.

그뿐만이 아닙니다. 심지어 '너가 마음이 약해서 그런 생각을 하는 거다, 마음을 독하게 먹고 이겨내야 한다'며 의지의 문제로 딸을 다그치는 친정 부모님으로 인해 심각한 스트레스를 호소하기도 합니다.

결국, 가족은 나의 감정을 공유할 대상이 아니라 생각하게 되니, 어디에서도 나의 마음을 속 시원하게 내어 보일 곳이 없습니다.

"혹시 남편과 이런 마음들을 나눠보셨어요?"

"아뇨! 안 하고 싶어요."

무척이나 단호하게 '안 하고 싶다'는 말에 살짝 당황스러웠습니다.

"음…. 왜 안 하고 싶은지 여쭤봐도 될까요?"

"해도 소용없으니까요. 처음에 그냥 지나가는 말로 한 번 얘기해 봤었는데요, 들은 건지, 못 들은 건지 아무 말 없이 핸드폰만 보길래 저도 그다음부터는 그런 얘기 절대 안 해요. 하고 싶지 않아졌어요. 아기 못 갖는 건 제 몸이니까 다 제 탓이고, 제 책임이니까. 입 다물고 살아야죠. 죄인처럼."

아기를 갖지 못하는 게 이든 씨 탓인가요? 아니, 좀 더 정확히 여성의 탓인가요? 물론 남성과 달리 여성들은 내 몸에 직접 이식을 하기 때문에 실패할 경우 '내가 뭘 잘못해서 안 된 건가?'라는 생각을 가질 수 있습니다. 많은 여성들이 시술 실패의 원인을 나에게서 찾으며 반성과 후회를 한 경험이 있듯이 말입니다.

그러나 전적으로 나, 그러니까 여성의 잘못은 아닙니다. 하지만 안타깝게도 상담을 하다 보면 이든 씨처럼 실패를 나의 책임으로 생각하는 내담자들을 많이 만나게 됩니다. 아기가 생기지 않는 것에 원인은 있을 수 있으나 물론 원인 불명인 경우도 있습니다, 누구의 탓으로 여겨서는 안 되는 것이죠.

이든 씨와 계속 이야기를 나누면서, 문득 이런 생각이 들었습니다.

아기를 갖지 못해 느끼는 수치심과 죄책감은 아마도 나도 아기를 갖고 싶다는 소망과 꼭 가져야 한다는 심리적 부담감에서 시작된 것은 아닐까?

여자라서. 여자이기 때문에 말입니다.

* 이든 씨에게 전하는 감정 회복 레시피

재료(2인분)

- 따뜻한 위로 3큰술
  - 시술 실패는 내 책임이 아니죠
- 자기 사랑 2큰술
  - 아기를 갖지 못하는 것은 내 탓이 아니에요
- 남편과의 대화 2큰술 반
  - 남편과 충분히 대화하기
- 적당량의 쉼
  - 잠시 임신에 대한 부담감 내려놓기

요리 과정(난이도 ★★★)

1. 먼저, 마음속 감정을 살펴봅니다. 꺼내놓고 싶은 재료들을 내 마음에서 모두 꺼내어 깨끗하게 씻어 주세요.
2. 시술이 실패한 것이 내 책임이 아니라고 말해주세요. 따뜻하게 마음이 데워질 거예요. 그리고 괜찮다고 속삭여 주세요. 정말 괜찮으니까요.
3. 남편과 충분히 대화를 나눠주세요. 내가 가지고 있는 수치심과 죄책감, 그리고 남편에 대한 미안

한 마음까지 모두 표현해 주세요. 남편의 이해와 공감으로 더욱 깊은 맛을 낼 수 있을 거예요.

4. 아이를 꼭 가져야 한다는 부담감을 잠시 내려놓으세요. 내가 여자이기 때문에 '시술이 실패하는 것도, 아이를 갖지 못하는 것도 모두 내 탓'이라는 생각은 나를 더욱 힘들게 할 뿐이니까요.

레시피 리뷰

이든 씨, '나는 자녀가 있느냐, 없느냐'로 평가되지 않아요.
아이를 꼭 가져야 한다는 부담감 대신,
앞으로 만나게 될 아이에 대한 기대감으로 하루하루를 보내면 좋겠어요.
당신은 자녀가 있는 삶을 살든, 없는 삶을 살든,
어떤 삶을 살아도 빛이 나는 아름다운 여자이니까요.

이토록 친밀한 배신자

얼마 전, 아주 재미있게 보았던 TV 드라마가 있었습니다. 일단 한석규 씨의 오래된 팬으로서, 사심 가득 안고 본 것도 있지만, 내용이 흥미롭기는 했습니다. 형사인 아버지와 범인인 딸이라니. 드라마 초반부터 아예 딸을 '범인'으로 정해 놓고 보았던 저는 제목 한번 잘 지었다고 생각했습니다. 제목에서 풍기는 알쏭달쏭함의 묘한 매력에 이끌려 마지막 회까지 열심히 봤던 것 같습니다.

바로 앞서 소개해 드렸던 이든 씨 부부를 보면, 이 드라마 제목과 오버랩 되곤 하는데요, '내 편인 줄 알았는데, 내 편이 아닌 것 같은' 이든 씨 부부 좀 더 정확하게는 그녀 남편의 이야기를 조금 더 해 보겠습니다.

"혹시 남편분이 이든 씨 말에 아무 반응이 없어서 상처가 되셨을까요? 제가 보기에 남편에 대한 미안함도 있지만, 속상함도 있어 보이는데요."

"네. 맞아요. 상처 많이 받았죠. 그래도 남편은 제 편인 줄 알았는데. 그렇게 아무 반응 없을 때는 진짜 남보다 못하다는 생각이 들어요. 그래서 다시는 남편한테 힘든 얘기는 안 하기로 했거든요."

"남보다 못하다는 생각이 드실 정도로 상처를 많이

받으셨나 보네요. 용기 내서 나의 힘든 마음을 이야기하셨을 텐데, 아무 반응이 없어서 정말 속상하셨겠어요. 무안하기도 하셨을 것 같고."

"네. 자존심도 상하고요. 그니까 상처 안 받으려면 입 다물고 조용히 살아야죠. 뭐."

"안 그래도 생활비 아껴 가면서, 남편 눈치까지 보고 있는데, 정작 내가 힘들 땐 남편이 아무 반응이 없으니까 더 상처받으셨을 것 같아요. 그럼 혹시 난임 시술받을 때 남편의 노력은 어느 정도일까요? 이든 씨를 돕는다거나, 남편 스스로 몸 관리를 한다거나 이런."

"정말 저는 그런 질문 받으면 할 말이 너무 많아요. 남편이 하는 거 보면 내가 왜 이렇게까지 그 사람 눈치를 보고, 죄인처럼 살아야 하는지 도무지 이해도 안 되고, 이렇게 살고 있는 내가 너무 바보 같아서 화가 나요."

이든 씨는 시술이 실패하고 나면, 몸도 마음도 가라앉아서 만사가 귀찮지만, 그래도 그다음 시술을 언제 할 건지 남편과 의논을 해놓아야 그 일정에 맞춰서 계획을 세울 수 있어 마음이 덜 불안해진다고 합니다. 그래서 얘기 좀 하자고 하면 그때마다 남편이 자꾸 피한답니다. 왜 대화를 피하냐고 물어봐도 입 꾹 다물고 아무 답도 하지 않습니다. 화도 내보고, 협박도 해 보고, 애원도 해봤지만 소용없습니다.

"안 그래도 제가 나이가 많아서 그녀는 지금 41세입니다 시간이 지날수록 성공률도 줄어들 텐데, 왜 이렇게 남편이 비협조적으로 나오는지 모르겠어요. 도대체 말을 안 하니 너무너무 답답해요. 어쩌면 남편은 아기를 원하지 않는데 나만 이러고 있나 싶어서 시술을 그만할까 생각도 했었어요."

"남편은 원하지 않는데 나만 혼자 아기를 갖겠다고 시술에 열심을 내고 있나? 하는 생각이 드세요?"

"네. 힘들다고 하는데 반응도 없고, 다음 시술은 언제 할지 의논하자고 해도 피하고. 원하지 않는 아기를 내가 갖겠다고 하니 그러는 거 아닌가 싶어요."

"남편이 아기 갖는 걸 원하지 않으니까, 나에게 이

렇게 반응하는 것 같다고 생각하시는군요. 그럴 땐 어떤 마음이 드세요?"

"처음에는 아기 못 갖는 게 다 내 잘못인 것 같아서 남편한테 엄청 미안했거든요. 그래서 더 열심히 시술 준비했던 것도 있어요. 다음 시술에는 꼭 성공해서 미안한 마음 덜고 싶어서. 그런데 자꾸 남편이 저렇게 행동하니까 미안한 마음은 싹 없어지고, 화가 나요."

"화나는 마음을 조금 더 자세히 표현하실 수 있을까요? 여기 벽에 보면 감정 포스터가 붙어 있는데, 이 중에서 나의 감정과 가장 비슷한 감정을 찾아 한 번 표현해 보세요."

이든 씨는 상담실 벽에 붙여 놓은 감정 포스터를 뚫어지게 쳐다보며, 나와 맞는 감정을 찾아내느라 열심입니다.

"음…. 일단은 비참하고요, 짜증도 나고, 슬프기도 하고, 지친 것 같아요. 아, 절망스러운 마음도 있고요."

"화가 나는 마음을 조금 더 자세히 들여다보니, 비참하고, 짜증 나고, 슬프고, 또 지친 것도 같고, 그리고 절망스러운 감정을 만날 수 있었네요?"

이든 씨가 표현한 '지치고, 절망스러운 감정'의 출처가 궁금해졌습니다.

"지치고 절망스러운 감정은 우리가 상담을 하는 동안 처음 말씀하신 것 같은데 그 감정은 어디에서 온 걸까요?"

"음, 아마 남편의 태도 때문인 것 같아요. 아까도 말씀드린 것처럼 남편은 원하지도 않는데 나 혼자 노력하고 있는 건 아닌가. 그렇다면 아기를 못 갖을 수도 있겠네, 절망적이다. 이런 마음이었던 것 같아요."

미안함이 비참하고, 짜증 나고, 슬픈 마음으로, 그리고 지치고, 절망스러운 마음으로 바뀌기까지 이든 씨가 받은 마음의 상처가 얼마나 컸을지, 또 그 마음을 감추고 사느라 얼마나 힘들었을지 감히 상상하기도 어렵습니다.

이든 씨는 이날 상담이 끝나도록 그 예쁜 미소 한 번 보여 주지 않았습니다. 아니, 못했을 거라 생각합니다.

비참하고, 절망스러운 마음을 꽁꽁 싸매지 않고 밖으로 꺼내주어 고마울 뿐입니다. 복잡한 표정만큼이나 복잡한 감정을 가슴에 담고 집으로 돌아가는 그녀의 뒷모습은 '저 발걸음의 무게를 저울에 달면 과연 달아질 수 있을까?' 싶을 만큼 무거워 보였습니다.

이튿날, 이든 씨에게 메시지를 보냈습니다. 상담을 끝내고 돌아가던 그녀의 뒷모습이 도통 머릿속에서 떠나지 않아서 말이죠.

지금의 감정이 계속해서 떠나지 않고 남아 있다면 먼저 충분히 그럴 수 있다고 나를 다독여 주세요. 그리고 이렇게 이야기해 보세요. '충분히 그럴 수 있어. 이 상황에 그런 감정을 느끼는 건 당연하지. 그럼에도 너무 잘 이겨내고 있어. 사랑하고 응원해, 이든아'라고요.

가슴이 시리다, 쓰리다

이든 씨와의 상담 내용을 다시 읽으면서 시술에 비협조적인 남편과의 문제에 어떻게 접근하면 좋을까 고민을 해 보았습니다. 이런저런 생각을 하던 중 문득 그녀의 남편이 시술에 협조하지 못하는 것인지, 아니면 안 하는 것인지 궁금해졌습니다. 남편의 이야기도 함께 들어보고 싶었습니다.

이튿날, 출근하자마자 이든 씨에게 '부부 상담을 했으면 좋겠다'는 메시지를 보냈습니다. 오랜 기다림 끝에 4주 후, 드디어 이든 씨 부부를 한 공간에서 만날 수 있었습니다.

남편 민호 씨는 큰 키에 마른 체형으로 목소리는 작고 가는 편이었습니다. 상담실로 들어오는 발걸음의 무게를 보아서는 선뜻 오겠다 결정한 것은 아닌듯 싶었고, 소파에 등을 기대서는 상담자의 눈과 어긋나게 쳐다보거나 상담자와 의도적으로 눈을 마주치지 않으려는 것인지, 아니면 처음 만남이 어색해서인지 모르겠습니다, 별것도 없는 주변을 계속 두리번거리는 것으로 보아 '나는 이곳에 오긴 했지만, 별로 얘기하고 싶지 않으니 빨리 끝냈으면 좋겠다'라고 말하는 것 같았습니다.

다행히 그런 눈치는 타고난 덕분에 상담자와 내담자 간의 공통된 주제를 던져 빠른 라포를 만들어 보기로 한 저는 칼 로저스Carl Rogers, 1902~1987의 인간 중심 치료 기법 중 '자기 노출하기self- disclosure'[12)]를 첫 카드로 꺼내 들었습니다.

"오늘 날씨가 조금 쌀쌀하던데 오시는데 춥지는 않으셨어요? 너무 뵙고 싶었는데 이렇게 흔쾌히 상담에 응해주셔서 너무 감사합니다. 이든 씨에게 들으셨는지 모르겠지만, 저는 자녀가 없습니다. 민호 씨 부부처럼 난임 경험이 있고요. 10년 전 시험관 시술을 1회 했지만 실패했어요. 그 이후로 저희 부부는 자녀가 없는 삶을 선택해서 친구처럼 잘살고 있습니다. 그래서

12) 자기 노출하기(self-disclosure): 치료자가 의도적으로 자신의 생각과 경험을 내담자에게 내어 보이는 것을 말한다.(권석만(2012), 앞의 책, 296쪽)

두 분이 부부로서 또는 각각 개인으로서 결혼 생활이나 사회생활을 어떤 마음으로 하고 계시는지 깊이 잘 알고 있어요. 저는 어찌 보면 29년째 난임 진행 중이라고 보시면 됩니다. 아, 이 나이 됐으면 이젠 불임이라고 해야겠죠? 하하하!"

상담자가 웃으니 민호 씨 부부가 따라 웃습니다. 이제 조금 분위기가 부드러워져 가는 것 같습니다.

"네, 대충 아내에게 들어서 알고 있습니다. 처음에 같이 상담받아 보자 그러길래 안 간다고 하니까 '상담사님도 우리처럼 난임이었대. 30년 가까이 자녀 없이 두 분이서만 산다더라고. 한 번 같이 얘기해 보자'고 하더라고요. 그 말 들으니까 불편한 마음도 줄어드는 것 같고, 또 경험 있는 분하고 얘기해 보는 것도 좋겠다 싶어서 가보자 했죠. 간다니까 무지 좋아하더라고요."

첫 카드는 대성공이었습니다. 민호 씨와의 눈 맞춤이 이루어지기 시작하자 옆에서 줄곧 어색한 웃음만

짓던 이든 씨의 표정도 편안해졌습니다. 여전히 민호 씨의 목소리가 가늘고 작아, 온 신경을 집중해서 들어야 했지만 가능하면 되묻지 않고 싶어서 말이죠, 값지고 소중한 이야기들을 기꺼이 꺼내 놓아주는 그가 한없이 고마웠기에 충분히 감수할 수 있었습니다.

우리는 그렇게 서로의 난임 에피소드들을 공유하였고, 그러는 사이 부부는 서로를 깊이 알아갔습니다.

"이렇게 두 분이 몰랐던 부분도 알게 되고. 민호 씨, 오늘 정말 오길 잘했다는 생각 드시죠?"

"아 네. 그런 거 같네요."

"제가 민호 씨에게 질문을 하나 드리고 싶은데요, 이게 어찌 보면 민호 씨 입장에서 대답하고 싶지 않은 질문일 수도 있어서 조금 조심스럽습니다."

"질문하셔도 괜찮습니다. 어차피 지금까지 다 얘기했는데요, 뭐. 하하하!"

호탕하게 웃어주는 민호 씨 덕분에 용기를 내어 4주 전부터 벼르고 있던 질문을 할 수 있었습니다.

"저는 오늘 두 분의 이야기를 들으면서 민호 씨가 시술 자체를 안 하고 싶어 하는 건 아닌 것 같다는 생각이 들었어요. 그렇다면 왜 일정을 의논하자는 아내의 요청을 피하시는 건지 궁금하거든요. 혹시 괜찮으시다면 그 부분에 대해서 말씀해 주실 수 있을까요?"

역시 이 질문에 민호 씨는 바로 반응하지 않았습니다. 질문이 곤란한 것인지, 답을 하고 싶지 않은 것인지 잠시 고개를 숙였습니다. 이든 씨는 그런 남편의 모습을 긴장하며 바라볼 뿐입니다. 다행히 10초 후, 짧은 침묵을 깨고 그가 말했습니다.

"아, 사실 그거 때문에 둘이 참 많이 싸웠는데, 싸울 때마다 도대체 이유가 뭐냐고 묻는데도 제가 말을 안 해줬거든요. 아마 아내도 많이 화가 났을 거예요. 사실 상담사님 말씀처럼 저도 시술 자체를 피하거나 반대하는 건 아닙니다. 하지만 지금 시술하는 게 저로서는 상당히 부담스럽습니다."

처음 듣는 남편의 말에 놀란 이든 씨가 얼굴을 홱

돌려 남편을 쳐다봅니다. 그 눈빛에 여러 감정이 담겨 있음이 느껴집니다.

“더 솔직하게 말하면 몇 년 더 맞벌이하면서 돈을 좀 더 모았으면 했어요. 지금 우리가 아직 전세로 살고 있어서 집을 먼저 사고 싶었거든요. 주변에서 시술하면 아무리 지원을 받아도 자기 돈이 많이 들어간다고 하고, 게다가 시술 기간이 더 길어지면 다들 아내가 일을 그만둬야 한다고 하니까 겁부터 나더라고요. 아무것도 해놓은 것도 없는데 시술하느라 돈 들어가고. 또 시술이 잘 돼서 금방 아기가 생기게 되면 너무 좋겠지만, 만약 자꾸 실패하면 그다음엔 또 어떻게 해야 하나 싶고. 그냥 일단은 집부터 먼저 사고, 그래 맘 편하게 시술받으면 좋겠다 싶어서 가능한 시술을 미루려고 대화를 피했던 겁니다. 근데 아내한테는 차마 이런 얘기는 못 하겠더라고요. 자존심도 상하고 창피해서.”

아, 그런 거였군요. 그런데, 그렇게 궁금했던 이유

를 알았는데. 그 이유를 알면 뭔가 해결의 첫 단추를 채울 수 있을 것 같았는데. 시원할 줄 알았던 가슴은 왜 이리 시린 걸까요?

민호 씨는 손깍지를 낀 채 손끝만 바라보고 있고, 이든 씨는 연신 눈물, 콧물 닦아내느라 정신없습니다. 부부가 각자의 방식대로 자신의 감정을 마주하고 있는 동안, 상담자는 시린 가슴을 달래며 잠시 기다리기로 합니다. 이렇게 세 사람은 각자의 감정에 자신을 맡긴 채 시간의 흐름으로 잠시 들어갔습니다.

얼마의 시간이 흐른 후, 저는 부부에게 과제를 내는 것으로 그날의 상담을 마무리하였습니다.

"두 분의 생각을 모두 존중합니다. 집을 먼저 사고 그 이후에 시술했으면 하는 민호 씨나 직장을 포기할 만큼 자녀를 갖는 것이 먼저인 이든 씨나 모두 각자의 삶에 기준이 있으니, 어느 것이 옳고, 그르다고 말할 수는 없겠지요. 나의 기준과 다른 선택을 했다고 해서 그 선택을 탓하거나 내 선택을 따르라고 할 수는 더더욱 없을 거예요. 그릇의 모양과 쓰임이 각각 다른 것처럼 그냥 나와 다른 사람일 뿐이니 그 선택을 존중할 뿐이지요.

그러나 두 분은 부부이고, 한 가족이니 조금씩 배려하고 희생해서 그 기준을 하나로 만들어야 하지 않을까요? 두 분께 과제를 드리려고 합니다. 다음 상담일까지 가능한 매일 저녁 30분 이상 대화 시간을 가지시고, 서로의 기준을 하나로 만들기 위한 노력을 해주세요."

90도 각도로 배꼽 인사를 한 후, 상담실을 나가는 민호 씨와 이든 씨의 발걸음 무게를 보아 두 사람이 과제의 의미를 분명하게 이해했음을 알 수 있었습니다. 복도 저만치에서 이든 씨 득유의 카랑한 목소리가 들려옵니다.

"우리 배고픈데 곱창전골 먹으러 갈래?"

가슴은 시렸지만, 희망을 볼 수 있어 마음 따뜻한 오후였습니다.

정자는 남자에게, 난자는 여자에게

시술에 좋은 결과를 얻기 위해서는 건강한 정자와 난자가 필요합니다. 이를 위해 건강한 식단이나 질 높은 수면 등 노력해야 할 일들이 많습니다. 건강한 정자를 위해서는 남편이 노력을 해야 하고, 건강한 난자를 위해서는 아내가 노력을 해야 합니다. 아기를 갖기를 희망하는 부부라면 이러한 노력은 너무도 당연한 것입니다.

그럼에도 모든 관리는 아내 몫으로 돌리고, 정작 자신은 아무런 노력도 하지 않는 남편들이 있습니다. 또 퇴근 후에는 함께 시간을 보내며 시술로 지친 몸과 마음을 위로해 주면 참 좋으련만 좀처럼 시간을 내주지 않습니다.

지수 씨 부부는 결혼 3년 차로 시술 준비 좀 더 정확히 말하면, 건강한 정자를 만들기 위한 노력에 적극적이지 않는 남편 때문에 종종 다툼이 생긴다고 합니다.

"남편 정자가 엄청 건강한 것도 아닌데 자기 몸을

준비하고 관리하는 노력을 잘 안 해요. 이 시간이 우리한테 얼마나 중요한 건데, 남편은 별로 중요하게 여기지 않는 것 같아서 화가 나요."

"남편이 중요하게 여기지 않는다는 건 어떤 의미일까요?"

"우리한테 주어진 시간이 그렇게 많지 않은데, 이번에 실패하면 다음을 또 기다려야 하고, 다음에 반드시 된다는 보장도 없고. 그런 이야기를 수도 없이 하는 데도 노력하지 않는 걸 보면 남편은 아기가 있어도 그만, 없어도 그만이라고 생각하는 건가? 그럼 나는 지금 뭘 하고 있는 거지? 이런 생각이 들 때가 있거든요."

"좋은 결과를 얻기 위해서 남편이 운동도 하고, 술도 좀 줄이고, 이런 노력을 좀 했으면 좋겠는데, 아무 노력도 하지 않으니까 혹시 남편은 아기를 원하지 않는 거 아닐까? 라는 생각이 드신다는 말씀이죠?"

"네. 그런 생각이 들면 다 그만두고 싶어져요. 원하지도 않는 아기를 가지려고 나는 매일 내 배에 주삿

바늘을 찌르고, 병원 들락거리면서 피검사하고, 초음파하고. 이런 수고를 왜 해야 하지? 남편이 같이 노력해 줘도 힘들어서 시술 포기하는 사람들이 많은데, 내가 왜? 이런 마음이 들죠."

지수 씨 마음에 가득 차 있는 그 복잡한 감정들이 그녀를 얼마나 힘들게 하고 있을지 잘 느껴져 이야기를 듣는 내내 가슴이 묵직해 옵니다.

"내가 대신해 줄 수 있는 부분이 아니니까 더 그러실 것 같아요."

"그렇죠. 제가 노력한다고 해서 건강한 정자가 만들어지는 건 아니잖아요. 게다가 아기를 갖는다는 게 여자 혼자만 노력해서 되는 것도 아니고, 자기 몸은 자기가 관리해야 하는데 그냥 저한테만 맡겨놓고, 자기는 나 몰라라 하니 화가 나죠. 말해도 소용없어요. 그저 잔소리로만 들으니까요. 저도 이제 좋은 말로도 안 나오고. 남편도 제가 짜증부터 내니까 이젠 더 듣기 싫겠죠."

"혹시 남편분에게 지수 씨의 이런 감정을 솔직하게 표현해 보셨나요?"

"아뇨, 그냥 그런 말을 한다는 게 구질구질하고, 말한다고 들을 사람도 아니고 해서 한 번도 안 해봤어요."

"그럼, 내 감정을 남편분에게 어떻게 말씀하셨어요?"

"그냥 뭐, 왜 나만 이렇게 힘들게 관리해야 하냐, 내가 해야 할 게 얼마나 많은 줄 아냐, 나 하나 신경 쓰기도 힘든데 왜 본인 관리를 스스로 안 하는 거냐."

여기까지 이야기하던 지수 씨가 잠깐 말을 멈췄습니다. 무슨 마음이 들어서일까, 궁금해하면서 다음 이야기를 기다렸습니다. 지수 씨가 어색하게 웃더니 말을 이어갔습니다.

"아이고…. 평소에는 잘 못 느꼈었는데, 이렇게 말하고 나니까 갑자기 남편한테 미안해지는데요?"

의외의 이야기를 꺼내는 지수 씨에게 살짝 놀라기

도 했지만, 흥미로웠습니다. 감정의 변화가 생겼다는 것이 희망적이었습니다.

"남편분에게 미안한 마음이 드셨어요? 어떤 부분에서 그러셨을까요?"

"평소에 제 말투나 패턴을 잘 못 느꼈던 것 같아요. 근데 제가 직접 들으면서 말하니까 남편 탓을 많이 하고 있네요. 너는 왜 안 해? 이거 해야지! 계속 따지는 듯한 말투로 들리는데요? 남편한테도 이렇게 들렸을 것 같아요. 같이 해 보자고 부드럽게 유도했어야 했는데."

"남편분에게 그런 마음이 드셨군요? 아마 지수 씨가 시술 준비하면서 마음의 여유가 없으니 내 마음과 다르게 말씀하셨을 거예요. 지금 저한테 이야기하신 그대로 솔직하게 표현해 보시면 어떨까요? 많이 고마워하실 것 같은데요."

"아, 그래야겠어요."

지수 씨의 얼굴이 활짝 핀 거베라처럼 예뻐 보였습

니다. 3주 후 상담실에서 다시 만난 지수 씨는 '그날 남편에게 자신의 감정을 차분하고 진솔하게 전달하였고, 만족할 만한 결과를 얻었다'며 훈훈하고 감동적인 후기를 전해 주었습니다.

남편도 적극적으로 노력하지 않은 것을 사과하고, 이제부터는 함께 운동도 하면서 몸 관리를 하겠다 했답니다. 인스턴트를 좋아하던 남편이 건강한 식단에 적응해 가고 있고, 술과 담배도 많이 줄었다고 전해 주는 지수 씨의 목소리는 상담실 천장을 뚫고 나갈 기세였습니다. 참 다행입니다.

각자 맡은 바 역할이 있고, 기능이 있습니다. 아내만 잘한다고 저절로 좋은 정자가 만들어지겠습니까? 물론 사회생활을 하면서 식단 관리며, 운동이며, 술과 담배를 끊는 일이 쉽지는 않을 거라 생각합니다. 많은 사람들과 어울려 일을 해야 하는 직업이라면 더욱 그럴 테지요. 그러나, 그럼에도, 내가 할 수 있는 한 최선을 다해 노력해야 하지 않을까요? 한 생명을 선물로 받는 건데 말이죠.

'진료는 의사에게, 약은 약사에게,
정자는 남자에게, 난자는 여자에게'

산 넘고, 물 건너 시술하러 갑니다

"강원도에 사는 제 친구는 KTX 타고 강남까지 와서 시술하고 간대요. 시술 하루 전날 와서 근처에서 자고 시술받는다고 하는데 교통비나 숙박비로 돈이 많이 나간다고 하더라고요."

"제주도에는 난임 전문 병원이 없어서 육지로 나와서 시술하는데, 비행기 타고 서울까지 와서 시술받고 간다는 말 들었어요. 비행깃값만 해도 성수기 때는 왕복 20만 원 정도니까 시술 비용 외에도 돈이 많이 들어간다고 봐야죠."

소위 시술 성공률이 높다는 병원으로 사람들이 몰린다는 말은 오래전부터 들어왔지만, 난임 여성들에게서 전해 들은 이야기는 훨씬 심각했습니다. 한 마디로 '산 넘고, 물 건너' 난임 시술을 받으러 간다는 말이죠. 그러면 왜 KTX를 타고, 비행기를 타면서까지 시술을 받으러 가는 걸까요? 그 이유는 다음 이야기들 속에 있습니다. 한 번 답을 찾아볼까요?

"어떤 의사한테 가도 괜찮은 시술을 받을 수 있고, 의사에 따라서 결과가 달라지지 않는다는 걸 좀 가시화할 수 있다면 좋겠어요. 병원 수준을 좀 평균화해서 그런 시술 성공률이 높은 의사들이 지역마다 있다면 그런 현상은 좀 덜하지 않을까요? 지금은 이제 유명한 메이저 병원 몇 군데만 엄청나게 몰리고 있고, 우리끼리 얘기지만, 아무리 멀어도 손기술이 좋다는 의사 찾아서 가는 사람들이 많거든요."

"이 모든 것의 원인은 어떤 병원에 몰리는 환경인 것 같아요. 정부에서 나서서 거점 병원이라도 좀 지정을 해주면 좋겠어요. 권역 응급의료센터처럼요."

"병원에 사람이 워낙 많아서. 기다리는 게 조금 힘들어요. 예약하고 가도 한두 시간 기다리는 건 기본이니까. 너무 사람이 바글바글하니까 무슨 애 낳는 공장 같은 느낌? 나는 그저 애 낳는 기계. 기계 고치러 간 느낌 같아서 기분이 좋지 않아요. 서로 얼굴 마주치는 것도 싫고. 그래도 어떻게 해요. 여기서 한두 번 만에 성공해서 쌍둥이 낳았다는 사람들이 많다니까 별수 없이 다니는 거죠."

"확실히 메이저 병원이 오픈런이라고 해가지고 직장인들이 일찍 출근해야 하니까 출근 전에 첫 번째, 두 번째 진료 보려고 새벽부터 가죠. 정장 입고, 힐 신고 오고. 저도 그랬으니까요. 그 시간에도 사람들이 많아요. 메이저 병원들이 이렇게 정해져 있다 보니까 좀 지역별로 분산되면 좋을 것 같아요."

답을 찾으셨나요? 맞습니다. 모든 난임 부부들이 갖는 소망은 한 번이라도 더 적게 시술하는 것이겠지요. 그런 이유로 '어느 병원에서 누가 성공해서 임신했다더라' 하는 말을 들으면, KTX를 타든, 비행기를 타든 어떻게 해서라도 그 병원을 찾아갈 수밖에 없을 것입니다.

하지만, 이렇게 성공률을 따라 병원을 선택하는 것마저도 어려운 사람들이 있습니다. 제주도민들이 그렇습니다. 현재 제주도 내 체외수정 시술이 가능한 난임 치료 의료기관은 2개소로, 2024년 기준 난임 시술이 2,179건인 것을 보았을 때 턱없이 부족한 실정입니다.

이러한 의료기관 부족으로 제주 난임 부부의 70%가 도 외로, 그중 65.1%가 서울로 전원을 했다고 하며, 80%가 교통 · 숙박비 등으로 인한 경제적 부담을 느끼고 있다[13]고 합니다.

제주도민들이 도 외로 나갈 때 이용할 수 있는 교통편이 비행기 아니면 배가 전부일 텐데, 태풍처럼 기상악화로 하늘길, 바닷길이 모두 막힐 때는 또 어찌해야 할까요? 난임 치료라는 것이 오늘 아니면 내일

13) <제주 난임 현황과 지원 방안에 대한 대담>, 2025.02.05, 전자 KBS(제주)뉴스, (https://news.kbs.co.kr/news/pc/view/view.do?ncd=8168072&ref=A).

가도 되는 것이 아니라 호르몬의 변화에 따라 내원 일정이 결정되는 것인데, 제날짜에 가지 못하면 또 다음 시술을 기다려야 하는 상황이 생길 텐데 말이죠.

제주 난임 부부들에게는 도 외로의 원정 난임 치료가 선택이 아닌 필수가 되었으니, 그들의 마음에 또 하나의 짐이 생긴 것 같아 제 마음도 덩달아 무겁게 느껴집니다.

어느 지역이든 산 넘고, 물 건너 시술을 받아야 하는 상황이 조금 나아졌으면 좋겠습니다. 최소한, 병원 때문에 겪는 스트레스만은 없었으면 하는 바람을 가져봅니다.

임신이 안 되셨어요

해솔 씨는 첫 번째 시술에 실패하고, 큰 상실감이 몰려와 우울과 무기력감에 빠져 힘든 하루하루를 보냈습니다. 온 힘을 다해 노력하면 한 번의 시도로 좋은 결과를 얻을 수 있을 것이라는 기대를 하고 시술에만 집중했습니다. 온라인 난임 카페에서 성공했다는 사람들의 노하우를 모두 모아 그 방법대로 따라 하려고 애썼습니다.

이보다 더 완벽할 수 없을 것이라는 자부심까지 가질 정도로 최선을 다했습니다. 하지만, 결과는 안 좋았습니다. 완벽한 노력으로 기대가 컸던 만큼 마음도 많이 힘들었습니다. 이대로 시술을 그만두고 싶은 마음과 그래도 계속 도전해 봐야 한다는 마음이 날마다 충돌하여 괴로운 마음에 상담을 신청했습니다.

"이제 이식하고 나서 결과 듣기까지 한 2주 동안을 기다려야 하거든요. 일단 그 기간이 되면 너무 힘들어요. 이번에 될지, 안 될지 걱정이 되잖아요. 힘든 2주 동안에는 하루에도 몇 번씩 인터넷 카페 들어가서 성공한 사람들 증상이 어땠는지 읽는 거예요. 내 증상이랑 비교해서 조금이라도 증상이 비슷하면 희망을 품었다가, 또 다르면 좌절했다가. 아휴, 한 마디로 증상 놀이했죠, 뭐. 아마 첫 시술이었으니까 더 많이 걱정되고 불안해서 그랬던 것 같아요. 그렇게 맘 졸이면서 기다렸는데 임신이 안 됐다고 하니까 정말 충격이 크더라고요."

"될까, 안 될까 맘 졸이면서 그 긴 2주를 기다리셨는데, 결과를 듣고 참 많이 힘드셨을 거라 생각해요. 충격이라고 표현하실 만큼."

"저는 정말 한 번에 될 줄 알았어요. 나이도 아직 어리기도 하고, 해솔 씨는 현재 30세입니다 먹는 거든, 입는 거든 정말 노력 안 한 것이 없을 정도로 최선을 다했거든요. 근데 피 검사 결과 하나로 그동안의 노력이 아무렇지도 않게 없어져 버리니까 너무 허무하고, 이게 뭔가 싶은 게 다시는 이런 거 안 하고 싶더라고요. 난임 카페에서 졸업했다고, 난임 중 임신을 하는 경우 '난임을 졸업했다'라고 한답니다 성공 사례 올리는 사람들도 다 꼴 보기 싫어서 카페도 탈퇴하려고 했어요."

"그 정도로 마음이 많이 상심하셨었네요. 나는 이렇게 노력했는데도 실패해서 속상한데, 누구는 성공했다고 졸업한다고 하니 더 속상하고. 진심으로 축하해 주고 싶은데 그게 잘 안되는 나를 보니 또 속상하셨을 것 같아요."

"네, 맞아요. 그 사람들이 저한테 뭐라고 한 것도 아닌데, 언제는 그 사람들 성공 사례 보면서 노하우 얻는다고 고맙다고 댓글까지 달아 놓더니, 또 내가 실패하니까 왜 그렇게 얄미운지. 지금 생각해 보면 그런 마음을 가졌다는 게 참 웃기더라고요. 못된 마음이잖아요. 한심해 보여요. 나 자신이."

해솔 씨와 비슷한 이유로 마음이 힘들었던 효린 씨는 얼마 전, 어느 난임 카페에 그 속상한 마음을 글로 올렸다가 댓글로 된통 혼났던 경험이 있었다고 합니다. 글의 요지는 이렇습니다.

이번에도 임신이 안 됐다. 최근에 결혼한 지 얼마 안 된 손아래 동서가 임신했다는 소식을 들었다. 너무 속상해서 울었다. 그 동서가 갑자기 너무 보기 싫어졌다. 이제 앞으로 시댁 식구들 모임을 어떻게 가야 할지 모르겠다.

충분히 공감이 갔습니다. 저 또한 그런 경험이 있었

으니까요. 참 마음이 힘들었겠다 싶었습니다. 하지만, 효린 씨 글에 달린 댓글들은 매섭기 그지없었습니다.

심보가 못됐다. 그렇게 못 된 마음으로 무슨 아기를 갖겠다고.

동서가 임신했으면 축하를 해 줘야지 보기 싫다니, 마음을 곱게 먹어야 아기가 생기지.

나는 부럽기만 하는구먼.

효린 씨를 통해 전해 들은 댓글들에 제가 다 상처를 받을 지경이었습니다. 임신한 누군가가 잠시 미운 느낌이 드는 것이 어쩌면 다른 누군가에게는 심보가 못돼 보여 못마땅할 수 있지만, 충분히 그런 마음 들 수 있겠다 공감이 갑니다.

물론 모든 사람의 생각이나 감정이 같지 않기에 동서의 임신 소식이 힘든 사람이 있는가 하면, 진심으로 축하해 주고 싶은 사람도 있을 것입니다. 또, 그 소식이 긍정의 도전이 되는 사람도 있을 테고요.

다만, 이곳이 아니어도 충분히 스스로를 자책하고 있을 그 여성에게 '심보가 못된 질투투성이 난임 여성'이라는 손가락질 대신, 차라리 아무 말을 하지 않는 것이 나을 수 있었겠다 싶습니다.

어쩌면 자신 글에 달린 댓글들을 보며 스스로를 더 자책했을지도 모르겠습니다.

내가 심보가 못돼서 아기가 생기지 않은가 보다.

동서를 진심으로 축하해 주지 못하는 나는 엄마 될 자격이 없다.

고 말이죠.

내 눈에 상식적이지 않아 보여도 잠시만 기다려주면 어떨까요? 정말 임신한 그 사람이 미워서가 아니라, 임신이 어려운 자신이 밉고, 이 상황에 화가 나 있는 것일 수 있으니까요. 그저 그대로 반응하기 보다, '얼마나 그 마음이 답답하고 힘들면 저렇게 표현을 했을까'라고 조금 더 깊은 곳까지 바라봐 줄 수 있으면 좋겠습니다.

그 마음이 깜깜한 굴속에 혼자 들어가 있는 것처럼 외롭고, 절망적이고, 막막할 테니까요. 그리고 조금 더 뭔가를 해주고 싶다면 그저 손만 내밀어 주면 됩니다. 그 감정을 모두 느낀 후에 그 손을 잡고 굴 속에서 나올 수 있도록 말입니다.

노력이, 그리고 내가 거부 당했습니다

"처음 시술이 실패했을 때, 어떤 감정이 드셨어요?"

지금 두 번째 시술을 준비 중인 다혜 씨와 시술이 실패했을 때의 마음에 대해서 이야기를 나누었습니다.

"그때 엄청난 충격이었어요. 왜, 물속에 들어가면 바깥소리도 잘 안 들리고, 귀가 먹먹하잖아요? 꼭 그렇게 들리더라고요. 땅속으로 들어가는 그런 느낌이랄까? 아, 이제 어떻게 해야 하지? 싶은 게 정신 집중도 안 되고. 아무렇지 않은 척하려고 해도 잘 안되더라고요. 그때 제일 많이 돈 생각이 '왜?'였던 것 같아요. 왜 나는 안 되는데? 내가 그렇게 주사 맞고, 약 먹고, 하라는 대로 다 했는데 왜 안 됐는데? 원래 제가 주위에서 노력파라고 할 정도로 노력을 많이 하는 사람이거든요. 실제로 그동안 노력한 것들마다 성과도 좋았고요. 늘 성취감이 높았던 사람인데 이렇게 실패를 하고 나니까 나라는 사람에게 의심이 생기는 거예요."

"원래 나는 노력을 많이 하는 사람이니까 난임 시술도 내가 노력하면 잘 될 거라는 확신이 있으셨군요. 그런데 내 노력과는 다르게 결과가 좋지 않아 실망도 크셨을 것 같아요. 그런데 나에 대해 의심이 생겼다는 것은 어떤 의미일까요?"

"나는 노력하면 다 되는 사람이라는 생각이 잘못된 거 아닌가? 원래 나는 노력해도 안 되는 사람이었나? 그냥 운이 좋았었던 건가? 그럼 나는 노력해도 소용없겠네? 이런 생각이 드니까 나라는 사람에 대해서 내가 여태껏 잘못 알고 있었던 건 아닌지 의심이 들더라고요. 자신감도 없어지고 무기력해져서 한동안 아무것도 못 하고 누워만 지냈어요. 누워서 계속 그 생각에 몰두했었죠. 내가 노력해 봐야 또 안 될 텐데 앞으로 시술받을 필요가 없는 것 아닌가? 그렇게 생각하다가도 어쩌면 될지도 모르니까 한 번은 더 받아봐야 하나? 갈등이 엄청 심했어요. 그때 2차를 준비해야 하나, 말아야 하나를 정말 많이 고민했었어요."

난임 시술 실패와 나의 노력이 거부 당했다는 감정을 결부 시킨 내담자는 다혜 씨가 처음이었습니다. 다소 걱정이 되면서도 그 두 가지를 연결시켜 어떤 감정을 경험했을지 궁금했습니다.

"내가 노력한 것이 거부 당했다고 느껴지셨어요?"

"네, 맞아요. 저는 어릴 때부터 내가 얻고 싶은 건 어떻게 해서든지 얻어 냈거든요. 죽어라 노력하면 웬만한 건 다 가질 수 있었어요. 그런데 이건 보란 듯이 거부 당한 느낌이랄까? 자존심도 상했고요."

다혜 씨는 어릴 때부터 무엇이든 노력해서 얻고야 마는 근성이 있었습니다. 초등학교 3학년 다혜 어린이는 피아노 콩쿠르를 나가게 되었습니다. 이 콩쿠르라는 것이 실력 있는 연주자들을 뽑는 그런 대단한 대회가 아니라 학원에서 조금 잘 치는 쪽에 속하는 아이들이라면 한 번쯤은 나가봤던 그런 평범한 대회였습니다.

이때, 다혜 어린이의 근성이 발동되었고, 손가락이 꼬여 자주 틀리던 부분을 반드시 정복해야겠다는 결심을 합니다. 그 부분을 하루에 백 번을 치기도 하고, 눈을 감고 치기도 하면서 맹연습을 했습니다. 학교 숙제까지 밀려가며 연습을 한 결과 드디어 완벽하게 칠 수 있었고, 어린 나이였음에도 언니들을 다 제치고 금상을 품에 안았다고 합니다.

"사실 그렇게까지 하지 않아도 됐었거든요. 어차피 조금만 잘 치면 상은 다 주는 거라서. 그때는 꼭 상을 받고 싶어서 연습했다기 보다 자꾸 틀리니까 자존심이 상했던 것 같아요. 안 되는 그 상황을 이기고 싶었겠죠."

다혜 씨에게 노력은 이런 것입니다. 여전히 나는 잘하고 있고, 앞으로도 잘 해낼 것이라고 믿게 하는 것.

다혜 씨는 이 노력이라는 도구를 통해 나의 존재감을 확인하고, 또 현재 잘 살고 있음을 점검하려는 것은 아니었을까요?

그런 그녀이기에, 열심히 노력하면 시술이 성공할 것이라는 희망, 아기를 품에 안을 수 있을 것이라는 소망 하나로 마지막까지 쥐어 짜낸 나의 노력이 통째로 거부 당한 느낌은 아니었을지 모르겠습니다. 아니, 어쩌면 나의 노력 뒤에 숨겨진, '나'라는 존재가 거부 당한 느낌은 아니었을지.

"조금 더 감정을 따라가 볼게요. 지금 피아노를 자꾸 틀리니까 자존심이 상했다고 하셨는데, 아까 시술 실패했을 때도 자존심이 상했다고 하셨거든요. 그리고 '왜 나는 안 되는데?'라고 표현하신 것도 있고 해서, 혹시 '내가 거부 당했다'는 느낌도 있으실까요?"

"음…. 내가 거부 당했다. 피아노가 틀려서든, 시술이 실패해서든 내가 거부 당해서 자존심이 상한 게 아니냐는 말씀이신 거죠?"

다혜 씨는 고개를 갸우뚱하며 한참을 생각했습니다. 너무 어려운 질문을 한 것은 아닌가 싶어 다른 질문으로 대체하려는 순간, 다혜 씨가 먼저 입을 열었습니다.

"한 번도 생각해 보지 않았던 거라서 좀 어렵긴 한데요, 그런 거라면 맞는 것 같아요. 왜 나는 안 되는데? 할 때, 살짝 그런 느낌이 들었어요. 다른 사람들은 되면서 왜 나는 안 되는 건데? 이런 느낌. 한 마디로 '시술, 너가 뭔데 내 노력을 아무렇지도 않게 무시해? 내가 했는데?' 약간 이런 기분이 들었던 것 같아요. 아, 그래서 화도 났었나 봐요!"

다혜 씨는 자신의 깊숙한 곳에 숨겨진 또 다른 감정을 만났습니다. 왜 그렇게 나의 노력이 무시당한 것 같은 느낌이 들었는지, 또 그토록 자존심이 상했었는지 알 것 같다며, 또 다른 나를 만난 기분이라고 했습니다.

우리는 의논 끝에 다혜 씨가 자기효능감을 되찾고,

노력을 마주하는 마음이 유연해질 수 있도록, 그리고 그 결과를 그대로 수용할 수 있도록 상담 목표를 새롭게 세웠습니다. 이 목표가 이루어질 때쯤에는 다혜 씨의 마음에 평안이 찾아오길 기대해 봅니다.

'최선을 다해 사는 동안, 평안이 그대를 돕길 기도하겠습니다.'

그런 나는, 실패자입니다

"요즘엔 내가 실패자라는 생각이 들어요."

오랜만에 상담실을 찾은 미소 씨의 첫 마디였습니다. 깜짝 놀라 무슨 말인가 싶어 쳐다보고만 있는 저의 눈을 애써 피하더니 금세 눈물 한 방울이 뺨을 타고 또르르 흘러내렸습니다. 아무 말 없이 미소 씨가 느끼고 있는 감정의 흐름을 따라가며 잠시 기다려 주었습니다.

"제 인생에 있어서 뭐 하나 잘 된 게 없어요. 어릴

때도 맨날 언니랑 비교당하면서 컸고요, 대학도 가고 싶은 곳은 죄다 떨어져서 성적 맞춰서 그냥 들어갔어요. 결혼도 그냥 그래요. 친구들은 이것저것 조건 따져서 능력 있는 남편 만나 남부럽지 않게 살고 있는데, 저는 그냥 평범한 직장인에 시댁도 그리 넉넉한 형편은 아니에요. 게다가 어떻게 게네들은 결혼하자마자 임신이 잘 되는지 첫째, 둘째는 기본이고, 벌써 셋째 가진 친구도 있어요. 그런데 저는 벌써 네 번째 시도했는데 단 한 번도 착상이 돼 본 적이 없어요. 어느 날 문득 그런 생각이 들더라고요. '나는 실패자다, 이번 생은 완벽한 실패작이다.' 실패했다는 생각이 너무 커요. 그 생각이 저를 너무 힘들게 하고요. 이런 생각을 하는 내 자신도 싫어요."

시술이 실패하고 나니, 능력 있는 남편을 만나 경제적으로도 여유롭고, 아무 어려움 없이 임신에 성공해 아이를 품에 안고 행복해하는 친구들이 생각났을 겁니다. 그러고는 어릴 때부터 실패했던 순간들이 파노라마처럼 펼쳐졌을 테죠. 내 인생에 있어 어느 것 하나 잘 된 게 없다고 할 만큼 미소 씨의 자아 강도는 꽤 많이 낮아져 있을 거라 생각합니다.

"첫 번째 시술 실패했을 때 많이 힘들긴 했어도 '그래, 이게 그렇게 쉬운 게 아닌데 한 번에 바라면 안 되지'하는 마음에 다음에 준비 잘해서 성공하면 된다고 생각하기로 했어요. 그렇게 생각해야 실패 영향을 크게 받지 않을 것 같았거든요. 실제로 이번에 실패한 원인이 뭔지 꼼꼼하게 따지니까 더 적극적으로 다음 시술을 준비하게 되고, 그렇게 준비하니까 시술 전에도 그렇고 결과 기다리면서 불안함보다는 기대가 조금 더 컸었던 것 같아요."

첫 번째 시술 실패 후에 마음을 조절하기가 쉽지 않은데, 그렇게 마음을 다잡기까지 얼마나 애썼을까 싶었습니다.

"마음을 조절하기가 쉽지 않은데, 마음을 단단하게 잘 잡으셨네요."

"네. 그런데 이런 마음이 오래 가지는 못했어요. 처

음에는 한두 번 실패하고 성공하는 거라고 생각해서 그런지 두 번 실패할 때까지는 이 마음이 조금 유지가 됐었는데 세 번째 실패하니까 그냥 무너져 버리더라고요. 다 그만두고 싶고, 이게 뭐라고 나를 이렇게 비참하게 만드나 싶으니까, 어릴 때 생각이 나더라고요. 정말 뭐 하나 제대로 하는 것도 없고, 잘 된 것도 없고. 정말 이번만큼은 후회 없이 준비했다고 생각했는데 시술 실패하고 나니까 실패자가 된 것 같은. 그냥 저라는 사람 자체가 실패자라는 생각이 들었어요."

미소 씨의 마지막 말에 마음이 덜컹거렸습니다. 무슨 마음에 내가 실패자라는 생각까지 했을까? 걱정되어 물어보았습니다.

"시술이 실패했는데, 내가 실패한 것 같은 마음이 드신 건가요?"

"네, 아까 말한 그 친구들은 자연 임신도 잘 되고, 또 주변에도 시술하더라도 한두 번 만에 성공하는 사람도 많거든요. 근데 나는 뭐가 부족하니까 이런 결과가 나오는 거겠지 싶었어요. 그러니까 나는 실패자고, 무엇을 해도 안 되는 사람이라는 생각이 더 강해지더라고요. 다음 시술하기가 겁도 나고요. 또 안 되면 그 실패감을 다시 느껴야 하고, 나는 실패자라는 게 더 확실해지는 거잖아요. 이런 불안한 생각이 멈추질 않아요."

미소 씨가 겪은 과거의 실패는 현재 난임 시술의 실패를 받아들이는 데 있어 큰 영향을 미치고 있는 것 같습니다. 어린 시절, 칭찬보다는 비난과 질책을 더 많이 받았던 미소 씨는 잘한 것이나 성공적인 경험보다는 실패한 것에 더욱 몰두하는 데 에너지를 쏟고 살았을 겁니다.

어쩌면, 부모님의 사랑을 받기 위해 실패하면 안 된다는 생각이 미소 씨의 몸과 마음을 더욱 경직시켰을 테고, 그런 다짐은 오히려 내 의지와는 다른 실패의 결과를 만들어 냈을 테죠.

"실패감을 다시 느끼게 될까 봐 불안하신 거예요?"

"다시 느끼는 것도 싫지만, 사실 '나는 실패자'라고 생각하는 게 더 싫은 것 같아요. 그 기분이요. 제가 자꾸 아무 쓸모도 없는 사람이 되어 버리는 것 같아서요. 남편은 그럼 그런 생각을 하지 말라고 하는데 그게 내 마음대로 된다면 제가 왜 이렇게 힘들어하겠어요."

"그럼요. 그렇게 내 생각을 마음대로 조절한다는 게 쉽지는 않죠. 그럼, 미소 씨가 하신 말씀을 '나를 실패자라고 생각하게 되면, 내가 필요 없는 존재가 되어 버리는 것 같고, 실제로 필요 없는 존재가 될까 봐 불안하다.' 이런 의미로 이해하면 될까요?"

"네, 맞아요. 이러다가 나는 영영 쓸모없는 사람으로 낙인찍힐지도 모르겠다고 생각했었어요."

아, 그래서 미소 씨는 다음 시술을 하기가 겁난다고 했던 거구나. 또 실패하면 더 확실하게 낙인찍히는 거니까.

"미소 씨, 이제는 과거의 실패를 마주할 필요가 있어요. 그 과정에서 부모님으로부터 언니와 비교당하고, '뭐 하나 제대로 하는 게 없냐?'고 비난받았을 때의 마음, 친구들과의 관계가 어려워 늘 혼자 점심을 먹었을 때의 마음, 등등 나를 실패자로 생각하게 했던 마음들도 함께 만났으면 좋겠어요. 물론 꺼내고 싶지 않을 수 있어요. 하지만 그것을 꽁꽁 싸매고 있는 한, 미소 씨 마음에 그대로 남아서 늘 실패자로 생각하게 할 거예요. 제가 도와드릴 테니 용기를 내셨으면 좋겠어요. 다음 시술을 결정하는 것은 그 이후에 하셔도 늦지 않습니다."

미소 씨는 연신 고개를 끄덕이며, 상담자의 제안에 경청했습니다. 표정이 많이 복잡해 보였지만, 조금 전과 같은 불안함은 보이지 않았습니다.

"사실 오래전부터 부모님한테 언니랑 비교당하고, 비난받고 자라서 내가 이렇게 실패하는 것에 대해 예민한 건가? 하는 생각을 아주 잠깐씩 해봤어요. 오늘 상담사님 이야기를 들으니까 더 확실해졌고요. 솔직히 자신은 없지만 한 번은 해 보고 싶어요. 도와주신다고 하니까 한번 해 볼게요. 이 불안한 생각만 없어진다면 다음 시술도 할 수 있을 것 같아요."

"결정해 주셔서 감사해요. 그리고 진행하다가 힘드시면 언제든지 그만두셔도 되니까 꼭 말씀해 주세요."

이제, 미소 씨는 과거 여행을 떠나려고 합니다. 이 여행이 때론 눈물이 될 수 있고, 분노를 만들 수도 있습니다. 어쩌면 수치심을 다시 느끼게 할 수도 있고요. 하지만, 이 여정이 모두 끝난 후에는 실패를 유연하게 대처할 수 있는 단단한 마음을 선물로 받게 되겠지요.

미소 씨, 천천히 한 발 한 발 앞으로 나아가며 이 여행을 즐기셨으면 좋겠어요.

나를 찾아 길을 떠나는 당신과 함께 하겠습니다.

이게 되긴 하는 걸까요?

"시술을 아홉 번까지 했을 때, 계속 안 되니까 '내가 지금 안 되는 걸 계속 억지로 하고 있는 건 아닌가?'하는 생각이 들었어요. 확실하게 될지, 안 될지 모르는 걸 가지고 계속해야 한다는 게 좀 불안했던 것 같아요."

"저는 제가 가정을 꾸렸을 때, 자녀가 있어야 하고, 이런 어떤 틀이 정해져 있었는데, 시술이 계속 실패하면서 자꾸 거기에 부합이 안 되니까 막막하고 위축되더라고요. 진짜 어떻게 살아야 하나 미래가 불안하고. 절망스럽고, 좌절되고, 답답하고. 시술 기간이 길어지면서 그런 감정들의 수위가 계속 더 깊어졌죠."

반복적으로 시술이 실패하거나 유산을 경험하게 될 때 실패로 인한 마음의 상처는 이루 말할 수 없습니다. 이 상처는 '임신이 안 되는 것은 모두 나의 잘못이니, 어떻게 해서라도 시술을 성공하게 해야 한다'라는 생각에 몰입하도록 만들 수 있습니다.

'이게 과연 되긴 하는 걸까?', '내가 잘하고 있는 걸까?', '혹시 이 모든 노력이 아무 의미 없는 건 아닐까?' 걱정과 불안함으로 수없이 스스로 묻고, 또

묻지만, 답은 찾을 수가 없습니다. 된다는 생각보다는 안 될 거라는, 원하지 않는 생각을 붙들고 삽니다. 될 거라 기대하면, 실패했을 때 더 힘들어지기 때문이지요. 이렇게 시술에 대한 몰입이 클수록 시술이 실패할 때마다 느끼는 좌절과 불안은 이전보다 더 깊습니다.

"5차 수 끝나고부터는 '이게 되긴 하는 걸까?'라는 생각을 하게 됐어요. 다섯 번까지 했으면 안 되는 거 아닌가? 내가 안 되는 걸 계속하고 있는 건가? 이런 생각 정말 많이 했어요."

지율 씨와는 지난해 말 처음 만났습니다. 열한 번째 시술을 끝내고 다음 시술을 해야 할지, 아니면 이제 그만 시술을 끝내야 할지 고민 중이었습니다.

"이게 되긴 하는 건까?라는 생각을 하기까지 얼마나 많은 노력을 하셨을까요? 그동안 정말 애쓰셨어요."

'애쓰셨어요'라는 말이 끝나자마자 지율 씨 눈에서 굵은 물방울이 또르르 흘렀습니다. 그 눈물에는 여러 가지 의미가 담겨 있을 겁니다. 한 번의 시술을 시작해서 마칠 때까지 영혼까지 갈아 넣을 만큼 나의 모든 것을 쏟아부었지만 결과는 착상 실패. 실패 후 밀려오는 좌절과 상실감, 그리고 자책감을 홀로 이겨내는 것까지 모두 지율 씨의 몫이었으니, 그 마음의 짐이 오죽했을까요?

누구 하나, 내 등을 토닥여 주는 사람은 없고, 오로지 시술 결과에만 관심을 갖는 사람들 밖에 없다고 느꼈겠지요. 이 삭막한 삶에서 소망을 이루어 보려고 발버둥 쳐 온 그 마음의 애씀을 그 사람들은 알 리 없다 생각했을 겁니다.

"저 처음 들어봐요. 애썼다는 말."

지율 씨의 목소리는 이 말을 하면서 또 흔들렸습니다. 뒤이어 눈물샘이 터진 듯 두 눈에서는 눈물이 계속 흘러내렸습니다. 눈물, 콧물로 얼룩진 얼굴을 연신 닦아내는 동안 상담실은 그녀의 슬픔으로 가득 채워졌습니다.

"되지도 않는 걸 하겠다고 기계처럼 병원을 왔다 갔다 하고 있는 것 같아요. 괜히 돈만 쓰는 건 아닌지, 남편한테도 미안하고. 시술 그만하고 같이 맞벌이 했으면, 통장에 돈이라도 쌓일 텐데. 남편 차도 오래돼서 바꿀 때가 됐는데 못 바꾸고 있거든요. 그 차 탈 때마다 나 때문에 이런 차 타게 하는 거 같아서 너무 미안하더라고요."

"비단, 지율 씨뿐만 아니라 시술 기간이 오래되면 누구나 그렇게 생각할 만하죠. 아무래도 비용에 대한 부담이 생기니까. 내 마음도 힘들었을 텐데, 남편에게 미안한 마음까지 들어서 더 힘드셨겠다 생각이 드네요. 그래도 그 어렵고 힘든 시술을 열한 번이나 하셨으니, 정말 잘 견뎌 오셨고, 잘 해내셨어요."

"감사해요. 정말. 애썼다는 말, 힘들었을 거라는 말 한마디가 이렇게 마음에 위로가 되는 줄 몰랐어요. 너무 감사해요. 여기 오기 전까지는 가서 뭘 얘기해야 하나? 가서 얘기한다고 뭐 내 마음이 나아지겠나? 이런 마음이었는데, 뭘 얘길 안 해도 그냥 앉아 있는 것만으로도 위로가 되네요."

조금 전까지 슬픔으로 가득 찼던 상담실이 그녀의 예쁜 미소로 정화되기 시작했습니다. 아직 '이게 되긴 할까?'라는 마음은 변함없지만, 이제 지율 씨의 마음에는 회복의 씨앗이 심어졌습니다. 그 씨앗이 자라 꽃을 피울 때쯤, 그녀의 마음 밭에는 평안이 함께 자라고 있겠지요.

결국, 지율 씨는 '되든, 안 되든 끝까지 한 번 해보자'라는 마음과 '이제 그만하자'라는 마음 사이에서 끊임없이 고민하겠지만, 어느 것을 선택하더라도 후회하지 않는 그날을 마주할 수 있을 것입니다.

지율 씨, 당신의 선택을 응원합니다.

포기는 패배가 아닐까요?

난임 여성과 상담을 하거나 자조모임을 할 때, 제가 항상 먼저 하는 것이 있습니다. 그것은 '제가 오랜 난임이었던 것과 한 번의 시험관 시술 실패 후 시술을 중단하였고, 현재 자녀 없이 남편과 둘이 잘 살고 있음'을 이야기하는 일입니다.

그 이야기를 들은 난임 여성들의 반응은 두 가지입니다. 한 가지는 약간의 놀라움이 섞인 표정과 말투로 '아 그러세요?'라고 간단하게 대답하지만, 태도에 변화를 시도합니다. 상담자의 개방에 못지않게 내담자로서의 개방에 최선을 다하기도 하고, '이 말은 어디에서도 안 했던 말인데요'라며 자신의 속마음을 꺼내놓기도 하고, 또는 '이 말을 지인들한테 하니까 이해를 못 하더라고요'라며 속상함도 드러내면서 말이죠.

아마도 상담자의 개방에 '그럼 내가 어떤 말을 해도 다 이해하고 공감해 주겠지?'라는 기대와 함께 최소한 이곳은, 그리고 이 사람은 안전하다는 믿음이 생겼기 때문이 아닐까 합니다.

다른 한 가지는 난임 시술을 중단하고 그것도 시술 한 번으로, 자녀 없이 살고 있는 저의 삶이 무척 궁금한지 이것저것 질문을 하는 것입니다.

여덟 번의 시술 실패 후, 시술을 그만해야 할지에 대해 심각하게 고민 중이라는 인형 씨도 저의 난임 이야기에 호기심 가득한 얼굴로 질문했습니다.

"자녀 없이 두 분이서 오랫동안 사셨는데 어떠셨어요?"

"저는 워낙 늦은 나이에 시술을 시도했어요. 이미 그 이전부터 자녀 없이 결혼 생활을 해왔었기 때문에 시술을 중단했다고 해서 크게 달라진 건 없었던 것 같아요."

"아, 그럴 수 있겠네요. 그런데 정말 대단하세요. 어떻게 시술을 그렇게 포기할 수 있으셨어요?"

"저는 포기라고 생각하지 않았어요. 제가 자발적으로 시술을 더 이상 받지 않겠다고 결정하고, 자녀 없는 삶을 선택한 거죠. 인형 씨는 시술을 중단하는 것을 포기하는 것이라고 생각하세요?"

"네. 저는 한 번도 자의적으로 시술을 중단해야겠다는 생각은 안 해 봤어요. 그냥 막연하게 10회차까지 해 보고 안 되면 포기하자 이렇게만 생각했었거든요."

'시술을 중단하는 것을 결정하는 것'과 '시술을 포기한다'고 생각하는 것의 차이가 있다는 것은 미처 몰랐습니다. 그녀의 생각이 더 듣고 싶어졌습니다.

"그럼, 포기하는 것이 아니라고 생각한다면 어떠실 것 같아요?"

"그동안 그만하고 싶은데 선뜻 결정은 못 했어요. 그냥 생리 시작되면 병원 가고, 시술받고. 습관적으로 시술을 받고 있는 건 아닌가 싶어서 마음이 힘들었거든요. 근데 지금 상담사님 이야기 듣고 나니까 '아, 내가 시술을 포기한다고 생각했기 때문에 그동안 결정을 못 하고 있었구나' 그런 생각이 들었어요."

인형 씨의 말이 어떤 의미인지 알 것 같았지만, 그 마음을 조금 더 깊이 들여다보고 싶었습니다.

"조금 더 자세하게 설명해 주실 수 있을까요?"

"그러니까 포기라는 단어를 들었을 때, '내가 지금까지 시술이 실패할 때마다 느꼈던 게 어쩌면 패배감이 아니었을까?'라는 생각이 들었거든요. 그동안은 아기를 갖고 싶었는데 갖지 못했다는 속상함? 이런 거라고 생각했는데. 아, 물론 그런 속상함도 있죠, 당연히. 그런데 그보다도 실패한 것에 대한 패배감이 더 컸지 않았나 싶은 거죠, 지금은."

"인형 씨 말씀은 '나는 시술이 실패할 때, 속상함보다 패배감을 더 크게 느낀 것 같다. 그래서 시술을 포기한다는 것은 완전히 패배하는 것이라고 느꼈을 수도 있다'라는 말씀인 거죠? 그렇기 때문에 시술을 중단하고 싶어도 쉽게 결정을 내리지 못했던 것은 아닐까 생각하시는 거고요."

"네네, 맞아요."

인형 씨의 무의식의 세계가 의식화되고 있다는 생각에 그녀의 반응이 흥미로웠습니다.

"그럼, 이제 시술을 중단하는 것에 대한 내 생각에 어떤 변화가 있을 것 같으세요?"

"아마도 포기나 패배감 이런 것들을 배제하고 생각할 수 있을 것 같고요. 그런 생각들이 시술을 그만둘지, 계속할지를 고민하는 데 도움이 많이 될 것 같아요."

"그 말씀은 좀 더 객관적으로 문제를 바라보겠다는 뜻으로 들리는데요?"

"아, 그렇게 말씀하시니까 제가 조금 중립적으로 생각하고 있다는 느낌은 들어요. 최소한 전에처럼 너무 부정적이거나 내 감정에 치우쳐서 생각하지는 않을 것 같다는 느낌? 암튼 생각이 좀 정리가 된 것 같아요."

"생각이 정리가 되셨다니 너무 다행입니다. 우리가 처음 만났을 때 그 부분이 고민이었잖아요. 앞으로 이 패배감에 관한 이야기를 좀 더 나누었으면 하는데 괜찮으실까요?"

"아, 네네. 괜찮아요."

이제 우리는 천천히, 그리고 인형 씨의 마음이 허락하는 한 깊이 그녀의 삶으로 들어가 보려 합니다. 그 삶을 따라가다 보면, 실패 때마다 느꼈던 감정들을 하나둘씩 마주하게 되겠지요.

수치스럽고, 속상한 마음을 지나 죄책감과 실패감, 그리고 '패배감'까지 만나고 나면, 그녀의 내면에 힘이 생길 테고요. 그 힘이 인형 씨 안에 충만해지는 그날, 비로소 '포기'가 아닌 '선택'을 할 수 있게 될 것입니다.

야생화, 청노루귀를 아시나요?

청노루귀는 추운 겨우내 꽁꽁 얼어붙었던 땅을 뚫고 꽃을 피웁니다. 얼음 같은 땅도 성에 차지 않아 바위틈을 뚫고 올라오는 녀석도 있습니다. 이 꽃은 겨울에서 봄으로 넘어가는 시기에 피는 야생화로, 새봄을 알리는 '봄의 전령사'로 불리기도 하죠. 주로 산비탈에 서식하며, 성인의 손톱만 한 크기의 꽃잎을 가진 아주 작은 꽃입니다.

이 작고 여린 꽃이 어찌 그 얼어붙은 땅을, 그리고 바위를 뚫고 올라와 저 우아한 자태를 뽐낼 힘이 있었을까? 생각할수록 경이롭습니다. 가장 먼저 올라와 꽃을 피우기 위해 그 꽁꽁 언 땅속에서 꼬물꼬물 쉬지 않고 움직였을 것을 생각하니 기특하기 그지없습니다. 이처럼 땅꼬마 야생화가 존경스러워 보이긴 처음입니다.

사람들의 눈길과 손길이 닿지 않는 외진 곳, 그 외로운 땅에서 바위틈을 비집고 나와 손톱만 한 작은 꽃을 피우기까지 수백 년, 어쩌면 수천 년의 시간을 도전하였을 그 용기가 위대해 보입니다. 전혀 빛나지 않을 것 같은 혼자만의 외로운 싸움에서 자신의 존재를 알리는 영롱한 빛깔을 끝까지 지켜낸 그 강인함에 경의를 표합니다.

나는 그렇게 약한 존재가 아님을, 그리고 내가 해왔던 지금까지의 모든 노력은 내가 약하지 않다는 것을 보여 주는 것이라고 말하는 것 같습니다.

이 작고 여린, 그러나 그 어떤 꽃보다도 강한 청노루귀 한 송이를 당신께 드립니다. 예쁜 화병에 꽂아 햇살이 가득 들어오는 창가에 놓아주세요. 그리고 매일 아침, 이 꽃을 보며 기억해 주세요. 나는 약하지 않으며, 나만의 빛깔은 아직도 존재한다는 것을요.

그럼, 그것으로 충분합니다.

3장

늘 회복의 마음으로

행복한 만찬을 시작하는 당신과 함께

난임이라는 과정이 때로는 쓰고, 때로는 짜고, 때로는 너무 뜨거워 조심스러울 수도 있겠지요. 나의 의지와는 상관없이 아무 때나 찾아오는 우울한 마음과 죄책감, 그리고 두렵고 불안한 감정들 때문에 마음이 힘들 수 있습니다. 처음 찾아온 그 감정들을 이겨내 보려고 하지만, 어느 틈에 내 마음 깊숙한 곳에 자리 잡고 앉아 도무지 나갈 생각이 없는 그 녀석들이 너무 밉습니다.

하지만 그 속에서도 나만의 맛을 찾을 수 있기를, 그리고 그 여정 속의 나를 조금 더 따뜻하게 안아줄 수 있기를 바랍니다.

이제부터 난임 스트레스를 맛있게 요리할 수 있는 레시피를 소개해 드릴 텐데요, 소개되는 레시피들을 참고하여 나만의 '감정 회복 레시피'를 만들어 보세요. 그리고, 어느 날 갑자기 불쾌한 감정이 나를 찾아온다면, 이 레시피를 꺼내 들고 요리를 시작해 보는 거예요. 요리에 집중해 있는 동안 나의 몸은 점점 따뜻하게 데워질 것입니다.

서툴러도 괜찮습니다. 나만의 방법대로, 내가 할 수 있는 만큼 만들어 가면 됩니다. 이 세상에 둘도 없는 나만을 위한 요리이니까요.

혹시라도 아주 조금 힘든 재료를 만나게 되더라도 걱정하지 마세요. 다른 재료들과 섞여 부드러워지고, 뜨거운 열기로 녹아질 테니까요. 이런 과정을 지나 맛있는 음식이 완성될 때쯤이면, 나의 감정도 함께 회복되어 있을 거예요.

난임 스트레스를 맛있게 요리하다

오늘은 난임이라는 무거운 스트레스를 요리로 풀어 보는 건 어떨까요? 이유 없이 울컥해지고, 짜증도 늘고, 우울하고 불안한 이 모든 감정을 우리가 직접 요리해서 조금 더 부드럽고 따뜻하게 만들어 보는 거예요.

그럼, 그 무거운 마음을 잠시 내려놓고, 주방으로 가봅시다.

재료를 준비해 볼까요?

모든 재료는 가공되지 않은 자연 그대로의 나를 사용하시는 것을 추천드립니다.

재료(2인분)

· 한 움큼의 천연의 나
  - 내 모습 그대로 나를 바라보기
· 듬뿍 담은 위로
  – "괜찮아, 잘하고 있어"라고 말해주기
· 한 스푼의 여유
  - 때로는 천천히 걸어가도 괜찮다는 마음
· 적당량의 위로와 공감
  - 내 마음을 이해해 주는 따뜻한 한 마디
· 눈물 두어 꼬집 방울
  – 가끔은 울어도 괜찮아요
· 넉넉한 사랑
  – 무엇보다 나 자신을 아끼는 마음
· 기쁨 한 조각(기호에 따라 조절 가능)
  – 작은 것에서도 행복 찾기

재료가 다 준비되었나요?

그럼, 이제 본격적으로 난임 스트레스를 맛있게 요리해 보겠습니다.

요리 과정(난이도 ✱✱✱)

1. 먼저, 스트레스와 부담감을 한곳에 모아봅니다. 깊이 들이마셨다가, 후~ 하고 천천히 내쉬어요. 마음이 어느 정도 편안해졌다면, 가슴속 깊이 쌓인 감정을 있는 그대로 꺼내어 준비합니다. 억지로 눌러두지 말고, 지금 내 마음이 어떤 상태인지 솔직하게 바라봐 주세요.
2. 충분한 사랑과 위로를 더 해주세요. 나를 다그치기보다 있는 그대로의 나를 따뜻하게 감싸 안아주세요. 스스로에게 부드러운 말 한마디를 건네주세요.

많이 힘들었지?

괜찮아, 충분히 잘하고 있어.

최선을 다하고 있잖아.

이 길을 걷고 있는 것만으로도 대단해.

3. 공감 한 스푼 추가하기

 남에게는 쉽게 베푸는 따뜻한 한마디, 오늘은 나에게도 건네 보세요. 무엇보다 나를 이해해 주는 말이 필요해요.

4. 너무 높은 불에 조리하면 요리가 타버리듯, 조급함도 나를 지치게 해요. 잠시 불을 끄고, 신경을 다른 곳에 두어도 좋아요.
5. 아주 작은 것이라도 괜찮아요. 좋아하는 음악을 듣거나, 따뜻한 차 한 잔을 마시는 것처럼요. 소소한 기쁨이 쌓이면, 마음의 맛도 조금씩 부드러워질 거예요.
6. 때로는 울어야 가슴이 후련해지고, 감정 정리에 도움이 되지요. 단, 너무 오래 끓이지 말고, 적당히 흘려보낸 후 다음 단계로 넘어가기로 해요.
7. 있는 그대로의 나를 아끼고 사랑하는 마음을 듬뿍 넣어줍니다. 다른 재료들과 골고루 섞이도

록 잘 저어 줍니다. 떠오르는 거품을 걷어내 불순물을 제거해 준 후, 불을 끕니다.

셰프의 팁(추가 양념)

- 자책은 넣지 마세요.
  - 너무 많은 후회는 요리를 쓰게 만들어요.
- 비교는 빼주세요.
  - 나만의 레시피가 가장 소중하니까요.
- 사랑하는 사람과 함께 나누어 드셔도 좋아요.
  - 나누면 따뜻함이 배가 돼요.

완성!

나의 난입 스트레스가 맛있게 요리되었습니다.

고이 아껴두었던 멋진 식기들을 꺼내어 나를 위한 식탁을 꾸며 보세요. 예쁜 옷도 꺼내 입어보고, 화장도 곱게 해보고 말이죠.

이제 식사 준비가 끝났다면, 나만의 만찬을 즐겨 보세요!

불안을 잡아주는 향신료

"이식하기 전에 잠을 많이 못 잤어요. 심적으로 너무 불안하니까 부정적인 생각들이 계속 올라오고…. 아주 힘들더라고요. 그래서 상담을 시작했죠. 상담받으면서 시술을 했는데 사실 수정은 안 됐어요. 근데 시술 과정이 지난번보다 많이 힘들지 않았어요. 이전보다 훨씬 수월하게 넘어간 것 같아요."

난임은 기다림의 연속이라고 합니다. 자연임신을 시도하든, 시술을 하든 그 자리에서 바로 결과를 알 수 있는 것들이 없으니 하는 말인 것 같습니다. 시술 과정 중 나를 가장 힘들게 하는 기다림의 때를 꼽으라고 한다면, 대부분 이식 후부터 피 검사 결과를 기다리는 동안이라고 답할 것입니다.

이 기다림의 시간을 상담으로 잘 이겨낸 주은 씨는 그날들을 '피 마르는 시간'이라고 표현합니다. 그만큼 이식 이후에 '착상이 될까? 안 될까?'에 모든 신경이 집중되니 그 스트레스가 상당하다는 뜻이겠지요.

주은 씨는 결혼 4년 차로 체외수정 시술 3차를 마친 후, 4차를 준비하는 기간에 상담을 신청했습니다. 이식하고 피 검사 결과를 기다리는 시간이 너무 힘들어서 도움을 받고 싶다고 했습니다.

상담을 진행하면서 주은 씨가 자신의 감정을 잘 표현하지 못해서 더 힘든 것은 아닐까? 하는 생각이 들었습니다. 아니, 어쩌면 '지금 내가 느끼는 감정이 어떤 것이고, 이 감정은 무엇 때문에 생겼는지'를 잘 모르는 것은 아닐까 싶었습니다. 그래서 먼저 주은 씨가 느끼는 감정들을 밖으로 꺼내놓을 수 있도록 도왔습니다.

그리고 일상에서 감정의 변화가 있을 때마다 내 기분에 해당하는 감정 카드를 꺼내 표현 해내는 연습과 감정 일기 쓰기를 과제로 내주었습니다.

처음 2~3주 동안에는 내가 어떤 감정을 느끼고 있는지 알아차리는 것조차 어려워서 '화가 나는 것 같아요', '그냥 싫었던 것 같아요' 정도로 표현하던 그녀가 5주 정도 지나니, '그렇게 화가 난 것은~ 때문이었던 것 같아요'라며 좀 더 구체적으로 표현할 수 있게 되었습니다.

그렇게 감정을 알아차리고 표현하는 것에 집중하면서 자신을 알아가는 그녀의 변화가 제게는 늘 감동이었습니다.

"이제 곧 피 검사 결과가 나올 때가 된 것 같은데, 이번에는 결과 기다리면서 마음이 좀 어떠셨나요?"

"아, 정말 이제까지 결과 기다리면서 제일 마음이 편했던 것 같아요. 물론 완전히 마음을 비우진 못했지만, 그래도 일단은 뭔가에 몰입하니까 잡생각도 안 나고, 내가 좀 성장한 기분이라 할까요? 상담받으면서 감정 카드로 연습하고, 감정 일기도 써 보고 했던 게 도움이 많이 됐던 것 같아요."

"정말 다행이네요. 평소에 안 해 보던 걸 하시니까 어려우셨죠? 내 감정을 표현 해내니까 어떤 점이 좀 도움이 되셨나요?"

"일단 지금 내가 왜 불안한지, 왜 짜증이 나는지

이런 걸 좀 알겠으니까 나를 이해할 수 있었던 것 같아요. 전에는 도대체 내가 왜 이러는지도 모르겠고, 어떻게 해야 기분이 나아지는 줄 몰라서 더 짜증 나고, 우울했었거든요. 근데 이젠 내가 이해가 되니까 괜찮다고 토닥여 주기도 하고, 내가 느끼는 대로 표현도 해 보고. 그렇게 하니까 기분이 훨씬 나아지더라고요. 회복도 빠른 거 같고요. 이번에 결과 기다리면서도 크게 힘들지 않았던 것 같아요."

"연습한 대로 적용을 잘 하신 것 같네요. 정말 대단하세요. 그럼, 결과 기다리는 동안 상담을 받았을 때와 받지 않았을 때 차이가 좀 느껴지셨을까요?"

"물론이죠! 정말 결과를 기다리는 2주 동안은 피가 마르는 시간이거든요. 상담을 안 받고 이 시간을 버틸 때는 그야말로 지옥이었어요. 시도 때도 없이 불안이 훅훅 올라오니까 아무것도 못 하겠더라고요. 하루 종일 짜증만 냈죠, 뭐. 그런데 그런 부분들을 상담을 통해서 도움받으니까 훨씬 수월하게 기다릴 수 있었던 것 같아요."

정말 다행입니다. 처음 상담을 시작하면서 '피 검사 결과를 기다리는 동안 마음이 힘들지 않았으면 좋겠다'는 상담 목표가 잘 이루어져 가고 있는 것 같아 마음이 놓입니다.

주은 씨는 이제 그녀만의 '감정 회복 레시피'에 이렇게 한 줄을 추가하겠지요.

불안이라는 잡내를 제거하기 위해 '상담'이라는 향신료를 넣고 2주 동안 푹 끓여줍니다.

*주의사항 - '상담'은 향신료 코너에 없어요.

나만의 애피타이저, 감사

제가 걱정과 불안으로 힘들어하는 내담자에게 꼭 권하는 과제가 있습니다. 바로 '감사 일기'인데요, 작은 것에 감사하는 것만으로도 불안감을 줄이는 데 많은 도움이 됩니다. 다만, 시작하기가 쉽지 않지요. 처음 '감사 일기'를 권하면, 대부분의 내담자들은 미적지근한 반응을 보입니다. 당황한 표정을 하면서 말이죠.

두 번의 시술 실패를 경험하고, 또 실패할지도 모른다는 불안감으로 벌써 석 달째 다음 시술을 결정하지 못하고 있는 서율 씨에게 '감사 일기'를 권해 보았습니다.

"감사 일기요? 이게 좋은 건 아는데…. 글쎄요, 제가 뭐 감사한 일이 있을까요?"

서율 씨는 '감사 일기'라는 말에 깜짝 놀라며, 난감한 표정을 지었습니다.

"그렇죠. 내가 지금 감사할 수 있는 상황이 전혀 아닌데, 감사 일기를 쓴다는 것이 힘들게 느껴질 겁니다. 충분히 그런 생각 하실 수 있어요. 그런데 서율 씨와 같은 상황에 있었던 다른 몇몇 난임 여성분들 이야기를 들어 보면, 감사 일기를 쓰면서 불안이나 걱정도 줄어들고, 마음이 편해졌다고 해요. 꽤 효과가 좋다고 합니다."

"그래요? 하고는 싶은데, 일기라는 게 좀 부담스러

운 것도 있어서….”

“그냥 편안하게 생각해 보세요. ‘오늘은 걱정을 조금 덜 해서 감사하다’, ‘어제보다 불안이 줄어든 것 같아 감사하다’ 이렇게 짧게 감사한 내용만 쓰면 되니까요, 우선 한 가지씩이라도 써 보시면 좋을 것 같아요.”

“아, 그렇게 짧게요? 네, 그 정도라면 한 번 써 볼게요.”

3주 후에 상담실을 찾은 서윰 씨는 자신이 그동안 얼마나 감사할 줄 모르고 살았는지 깨달았다며, 감사일기 덕분에 또 실패할지도 모른다는 불안감이 훨씬 줄어 들었다는 이야기를 해주었습니다. 아마도 다음 시술을 결정할 수도 있을 것 같다는 기쁜 소식도 함께 말이죠.

걱정과 불안은 서윰 씨처럼 무언가 나쁜 일이 생길 수 있다는 가능성이 있을 때 생겨납니다. 이때, 우리가 미래에 일어날 수 있는 좋은 일에 감사하는 마음을 가지면 부정적인 감정을 밀어내고 감사가 그 자리를 차지해 걱정이 사라져 버리게 됩니다. 감사가 불안을 줄여주는 것이지요.

감사가 주는 또 다른 효과는 세로토닌을 증진 시킨다는 것입니다.[14] 생물학적 입장에서 볼 때, 노르에피네프린, 세로토닌, 도파민 등과 같은 신경전달물질 이상이 우울장애와 관련된 것으로 보고 있는데, 그렇기 때문에 우울장애의 약물치료에 세로토닌 재흡수 억제제가 주로 사용됩니다.[15] 우울증에 관여하는 세로토닌, 도파민 등의 신경전달물질을 조절하는 것이 바로 항우울제입니다. 세로토닌을 조절하기 위해 항우울제라는 약물의 도움을 받아야 하는데, 감사는 이 세로토닌을 증가시켜 준다는 것이죠. 그러니 감사가 주는 효과는 아주 강력하다고 볼 수 있습니다.

감사가 나의 불안한 마음을 돕는다고 하니, 일상에

14) 앨릭스 코브, 『우울할 땐 뇌과학』, 도서출판 푸른 숲, 2018, 241쪽.

15) 권석만, 『이상심리학의 기초-이상행동과 정신장애의 이해』, 2014, 151~152쪽.

서 아주 작은 것이라도 감사를 찾아봐야겠습니다. 감사를 하기로 결심하신 분들을 위해 요리 한 가지를 소개해 드리려고 합니다.

오늘의 요리는 난임 시술 전에 가볍게 먹을 수 있는 애피타이저로, 세로토닌을 증진하는 '감사' 한 그릇입니다. 맛있는 애피타이저 한 입으로 내 안에 감사가 가득하기를 바랍니다.

이제 주방으로 옮겨 가 볼까요?

재료(2인분)

- 하루의 작은 순간 한 스푼
  - 사소한 것도 놓치지 않기
- 소중한 사람들 한 줌
  - 나를 지지해 주는 이들 기억하기
- 나 자신을 위한 고마움 약간
  - 스스로를 인정하는 마음
- 어려움 속에서도 배운 것 한 조각

- 힘든 순간도 의미 있게

- 미소 한 스푼
  - 감사를 표현하는 작은 행동

요리 과정 (난이도 ★★★)

1. 먼저, 마음속 감정을 살펴봅니다. 꺼내놓고 싶은 재료들을 내 마음에서 모두 꺼내어 깨끗하게 씻어 주세요.
2. 눈앞에 있는 것부터 들여다보세요. "오늘 하루, 감사할 일이 있었을까?" 크고 거창한 것이 아니어도 괜찮아요. 일상의 작은 순간을 찾아보세요.
3. 소중한 사람들에게 고마운 마음을 담아 보세요. 내가 힘들 때 곁에 있어 준 사람, 한마디 따뜻한 말을 건네준 사람, 혹은 조용히 나를 응원해 준 사람들을 떠올려 보세요. 그리고 가능하다면 감사의 한마디를 전해 보세요. "고마워." 이 짧은 말이 삶의 맛을 더 깊게 만들어 줍니다.
4. 나 자신에게도 감사하는 마음을 더해 주세요.

우리는 종종 자신에게 인정과 감사를 아끼곤 해요. 하지만 오늘 하루도 버텨 낸 나 자신에게도 고마워해야 해요. 이런 작은 다독임이 삶의 풍미를 더해 줍니다.

5. 힘들었던 순간도 재료로 활용해 보세요. 어려움 속에서도 배운 것이 있다면, 그것 또한 감사할 부분이 될 수 있어요. "그때는 힘들었지만, 덕분에 더 단단해졌어." 이렇게 생각해 보면, 모든 경험이 삶의 특별한 양념이 됩니다.
6. 감사하는 마음을 천천히 음미해 보세요. 마음속으로만 느끼는 감사도 좋지만, 표현하면 더 맛있어져요. 작은 표현들이 삶을 더 따뜻하게 만들어 줍니다.

셰프의 팁(추가 양념)

- 비교는 빼세요.
  - 남과 비교하면 내 감사가 작아 보일 수 있어요.
- 완벽함 대신 소소한 것들을 추가하세요.

- 크지 않아도 괜찮아요.

• 감사는 나눌수록 깊어집니다.

- 함께 나누면 더 풍성한 맛이 돼요.

모두 완성이 되었습니다. 감사 한 그릇을 천천히 음미해 보세요.

감사의 맛은 한 번 느낄 때보다, 매일 꾸준히 즐길 때 더 깊어집니다.

남편 사랑 한 큰술, 지지 두 큰술 반

난임 부부는 대체로 자신들의 난임을 드러내지 않는 경우가 많습니다. 그렇기 때문에 적절한 사회적 지지를 받지 못할 소지가 큽니다. 또한 난임 기간이 길어지면서 자연히 대인관계에 변화가 생기게 되는데요, 종종 배우자가 주요한 사회적 지지 체계가 됩니다. 난임 여성에게는 그가 바로 남편이죠.

난임 여성의 우울과 결혼 만족도와의 관계에 대한 연구 결과에 따르면, 난임 치료에 대한 배우자의 태도가 적극적인 경우에 난임 여성의 결혼 만족도 정도가 높다고 합니다.16)

이처럼 난임 여성에게 배우자의 지지가 얼마나 중요한 역할을 하는지 잘 알 수 있는데요, 이는 곧 배우자로 인해 난임 스트레스 지수가 높아질 수도 있고, 낮아질 수도 있다는 의미도 될 수 있습니다.

1장에서 소개해 드렸던 '강아지 한 마리를 입양했어요'의 주인공 소은 씨와 '지지 받는 것'에 대해 이야기를 나눈 적이 있습니다.

"저는 어릴 때부터 '지지'라는 걸 받아 본 적이 없었던 거 같아요. '지지 받는다'라는 말도 상담받으면서 상담사님한테 처음 들었어요."

"지금은 어떠세요? '지지 받는다'는 것을 알고 난

16) 김미옥 · 김희선, 「난임 여성의 우울과 결혼 만족도와의 관계에서 부부 친밀감의 매개효과」, 『Journal of Korean Public Health Nursing』, 32(1), 2018, 96-108쪽.

후에는 조금씩 이런 게 지지 받는다는 건가? 싶은 게 있으셨을 것 같은데요."

"아, 맞아요. 상담사님한테 처음 그 말을 듣고 집에서 생각해 보니까요, 저는 정말 남편한테 엄청 지지를 받고 있었더라고요. 남편은 뭐든지 내 편이고, 내가 하는 거에 항상 찬성이거든요. 그래서 그런지 조금씩 자존감도 높아지는 것 같고. 남편이랑 있으면 편해요. 많이 든든하고, 고맙죠."

"어쩐지. 소은 씨가 이렇게 마음이 단단해져 가는 데는 다 이유가 있었네요."

정말 제 마음이 다 뿌듯했습니다. 어린 시절부터 지지 받지 못하고 자란 탓에 늘 소극적이고, 자신 없어 하던 그녀였는데, 이제 지지를 받으며, 자신을 사랑하는 방법을 알아가고 있는 것 같아 다행입니다.

남편 사랑을 듬뿍 받고 있는 지윤 씨에게도 같은 질문을 했습니다.

"난임 시술 과정에서 내가 가장 남편에게 지지 받

고 있다는 생각이 들 때는 언제일까요?"

"음, 사실 저희 남편은 시술 시작부터 끝까지 전폭적으로 도와주고, 배려를 해주는 편인데요, 그래도 하나 꼽으라고 하면, 시술 실패했을 때 같아요. 제가 상담 신청한 이유도 그거지만, 시술 실패했을 때 제가 좀 감정 조절이 힘들잖아요. 한 번 감정이 올라오면 '내가 무슨 아기 낳는 도구냐? 언제까지 이런 시술을 받아야 하는 거냐, 이럴 거면 그냥 이혼하자' 별별 심한 말을 다 하거든요. 근데 저희 남편은 그걸 다 받아주고, 아이 없어도 되니까 너무 힘들면 시술 그만하고 우리 둘이 살자고 해요. 그게 진심인지는 모르겠지만 말이라도 그렇게 내 편에서 해주니까 감정이 조금씩 부드러워진다고 해야 하나? 좀 안정이 되더라고요."

"아, 말만 들어도 그런 지지를 받으셨을 때 너무 든든하셨겠는데요?"

"네. 맞아요. 그때는 정말 아이 없이는 살아도 남편 없이는 못 살겠다 싶었어요. 제가 어디에 가서 이런 지지를 받겠어요. 우리 부모님도 이렇게 까지는 못

해주셨는데."

소은 씨도, 지윤 씨도 자신만의 '감정 회복 레시피'에 이렇게 한 줄 추가할 것 같군요.

혹시라도 내 요리가 맛이 없다고 느낄 때는 남편 사랑 한 큰술, 지지 두 큰술 반을 넣어주세요. 마술같이 맛이 살아날 거예요.

오늘 저녁에는 이 레시피로 남편과 함께 맛있는 요리를 만들어 보세요. 요리를 완성한 후에는 와인 한 잔 곁들인 만찬을 즐겨 보는 것도 좋을 것 같습니다.

슈퍼 파워 울트라 대처카드

"지난주 난자 채취는 잘 하고 오셨어요?"

"네. 하긴 했는데요. 이번엔 좀 많이 아팠어요. 지난번에도 조금 아프긴 했어도 진통제 맞고는 금방 괜찮아졌거든요. 이번에도 그러겠지 했는데, 진통제를 두 번이나 맞았는데도 안 낫더라고요.”

슬아 씨는 결혼 3년 차로 난임 시술을 시작한 지는 1년 정도 되었습니다. 그동안 세 번의 체외수정을 했고, 두 번 유산했습니다. 슬아 씨는 매 회차마다 채취를 해야 하는 어려움이 있습니다. 매번 난자 수가 너무 적게 나와 동결할 만큼의 수가 되지 않기 때문입니다. 또 어떤 회차에는 배양이 잘되지 않아 이식조차 하지 못하고 다음 시술을 기다려야 하는 때도 있었고요.

그렇다 보니 난자 채취를 앞두고 있으면 늘 초조하고, 불안해서 잠을 설치거나 새벽까지 뜬 눈으로 지내는 때가 많습니다. 잠이 부족하니 예민해질 수밖에 없고, 예민하니 사소한 부분에도 자꾸 신경을 쓰게 됩니다.

온 신경이 시술에 가 있는 날은 하루 종일 핸드폰을 들고 이것저것 검색합니다. 나처럼 배양이 잘되지 않는 사람도 이식에 성공했다는 사례를 읽으면 안심했다가, 실패했다는 또 다른 사례를 읽게 되면 다시 불안해지기를 반복합니다. 그 불안이 슬아 씨가 핸드폰에서 눈을 떼지 못하게 합니다.

저녁이 되어 퇴근해서 돌아온 남편에게 뺏기다시피 핸드폰을 내려놓지만, 마음은 편하지 않습니다. 결국, 나에게 나쁜 결과가 생길지도 모른다는 불안감을 가지고 잠자리로 갑니다. 그리고 뜬눈으로 밤을 지새웁니다. 거의 모든 날을 이렇게 반복하며 살아갑니다.

지난 상담 때는 난자 채취를 앞두고 불안을 호소하는 슬아 씨를 돕기 위해 아론 벡Aron Beck, 1921~현재의 인지치료 기법 중 소크라테스식 대화법Socratic dialogue[17]을 활용하였습니다. 질문을 통해 슬아 씨가 느끼고 있는 불안에 대한 자기 생각을 자각하고, 스스로 해결책을 찾을 수 있도록 상담을 진행했는데,

17) 소크라테스식 대화(Socratic dialogue): 인지치료자가 내담자의 인지적 변화를 촉진하기 위해서 주로 질문을 통해 대화하는 방식을 의미한다.(권석만(2012), 앞의 책, 255쪽)

처음 시도해 보는 거지만 슬아 씨는 잘 따라와 주었습니다. 평소에도 불쑥 불안이 찾아올 때, 스스로 불안을 대처하고 완화시킬 수 있도록 대처 카드coping card[18)]와 역기능적 사고 기록지daily record of dysfunctional thoughts[19)]를 과제로 내주었습니다.

그렇게 2주가 지나고, 슬아 씨에게서 문자가 왔습니다. '오늘 난자 채취하는 날인데 과제 덕분에 이번에는 큰 불안 없이 덤덤하게 병원에 가고 있다'는 내용이었습니다. 늘 마음 편히 병원에 갔으면 좋겠다던 그녀였기 때문에 이 문자가 얼마나 반가웠는지 모릅니다. 참 많이 애썼겠다 싶었습니다. 그런 그녀가 너무 고마웠습니다.

---

18) 대처 카드(coping card): 부적응적인 자동적 사고에 대항하는 적응적 사고의 내용을 기록한 카드로서 내담자가 늘 지니고 다니거나 쉽게 볼 수 있는 곳에 붙여두고 수시로 읽거나 되뇌도록 한다.(권석만(2012), 앞의 책, 258쪽)

19) 역기능적 사고 기록지(daily record of dysfunctional thoughts): Ellis가 제시한 A-B-C 기법을 사용하여 종이 위에 사건 및 상황과 그때의 감정 및 행동반응을 적어놓고 그 사이에 어떤 생각이 개입되어 있었는지를 인식하도록 돕는다.(권석만(2012), 앞의 책, 256쪽)

"채취하러 병원 가는 날, 문자 주셔서 너무 감사했어요."

"아, 그날요. 다른 날하고 좀 달랐어요. 예전 같으면 채취 전날 잠도 못 자고, 핸드폰 끼고 살았을 텐데, 이번에는 남편이랑 같이 대처 카드 읽고, 그래도 불안이 조금 남아 있길래 같이 사고 기록지 써 보고 했거든요. 그랬더니 잠을 좀 설치긴 했지만, 5시간은 통으로 잘 수 있었어요. 통으로 그렇게 자니까 신경도 덜 예민해지고, 불안도 좀 덜 느끼는 것 같고. 암튼 저는 과제 내주신 게 꽤 도움이 많이 됐었어요."

"대처 카드랑, 사고 기록지를 남편 분하고 함께 하셨었나 봐요? 그렇게 과제를 함께해 주는 남편이 거의 없는데. 옆에서 함께해 주면 정말 도움 많이 될 것 같아요."

"처음에는 혼자 했었는데요, 남편이 보니까 뭔가 좀 어설퍼 보였나 봐요. 조금씩 이렇게 해봐, 저렇게 해봐 하더니, 나중에는 적극적으로 도와주더라고요. 특히 기록지 작성할 때 어떻게 써야 할지 잘 모를 때가 있었는데, 이래서 그랬던 거 아냐? 이렇게 말해주니까 제 생각도 알게 되고, 왜 불안해했는지 이유도 알겠더라고요. 그런 게 정말 많이 도움 됐어요."

"제 생각에 대처 카드와 사고 기록지가 슬아 씨에게 많은 도움이 된 것도 맞지만, 더 큰 도움이 된 건 남편분의 활약인 것 같은데요? 슬아 씨에게 최고의 지지자신 것 같아요."

"네, 맞아요. 정말 남편은 저의 유일한 지지자라는 생각이 들 때가 많아요. 참 고맙죠."

나의 유일한 지지자, 그리고 최고의 지지자가 남편인 슬아 씨는 어떤 기분일까요? 한때 아주 재미있게 보았던 드라마 '무빙'에서 하늘을 슝슝 날아다니는 주인공을 볼 때마다 마냥 부러워 '하늘을 나는 기분은 어떨까?'싶었는데, 슬아 씨의 기분도 궁금해집니다.

한 가지 확실한 것은 슬아 씨에게 남편은 '슈퍼 파워 울트라 캡숑 대처카드'임에 틀림없다는 것입니다.

* 주의사항-이 카드는 문방구에서 팔지 않아요.

맛은 내가 느끼기 나름이죠

저는 샐러드를 참 좋아합니다. 샐러드 레시피 관련 책을 4권이나 사서 공부할 만큼 샐러드에 진심이지요. 작년 가을, 건강한 식단에 관심을 갖게 된 후부터는 샐러드의 진가를 알게 되어 더욱 좋아하게 된 것도 있습니다.

샐러드의 맛을 결정하는 것은 단연코 드레싱입니다. 오일 드레싱은 올리브 오일 특유의 쌉싸래한 맛을 기본으로 하여 발사믹 식초나 홀그레인 머스터드, 씨겨자 등을 활용해서 다양한 맛을 낼 수 있습니다. 마요네즈와 요거트를 베이스로 하는 크림 드레싱은 부드러운 식감에 고소한 맛과 향을 낼 수 있지요.

새콤, 달콤, 상큼한 맛을 원할 때는 과일 드레싱이 필요합니다. 과일은 주로 파인애플이나 키위, 딸기, 블루베리 등을 사용하는데 곱게 가는 것보다 과육이 씹힐 수 있도록 조금 작게 다지는 것을 선호합니다.

한식 샐러드에는 간장을 기본으로 한 간장 드레싱이 잘 어울립니다. 제가 가장 좋아하는 드레싱은 간장에

다진 양파와 마늘, 설탕, 참기름, 통깨를 섞어 만든 오리엔탈 드레싱인데요, 사실 이 드레싱은 한식이든 서양식든 어느 샐러드에 잘 어울리는 것 같습니다.

하지만, 건강한 식단을 위해 설탕과 포화지방의 양이 절대적으로 많은 드레싱부터 바꿔야 했습니다. 처음에는 발사믹 드레싱으로만 샐러드를 먹는데 그냥 신맛 나는 풀을 먹는 느낌이었습니다.

건강을 해치지 않으면서 샐러드답게 먹을 수 있는 드레싱을 찾으려고 정말 제 입이 고생이 많았습니다. 그렇게 3개월 정도 드레싱을 찾아 헤매다 드디어 제 입맛에 맞는 드레싱을 만났습니다. 사실 드레싱이라고 할 것도 없습니다. 샐러드 위에 올리브 오일이나 MCT오일을 세 바퀴 정도 둘러 주고, 히말라야 핑크 소금을 한 꼬집 뿌려주면 끝이니까요. 맛이 이상할 것 같은가요? 한 번 시도해 보세요. 정말 깔끔하고 맛있습니다! 지극히 개인적인 취향이긴 합니다만.

갖은 재료를 섞어 멋들어지게 만들어 낸 드레싱은

설명이 필요 없습니다. 비주얼과 맛을 동시에 잡아 샐러드를 더욱 빛나게 합니다. 갑자기 손님이 오더라도 냉장고 안에 있는 샐러드용 잎채소와 허브 몇 가지를 한 데 담고는 비장의 무기인 드레싱을 두어 바퀴 둘러 주고, 살치살 한 쪽 살짝 구워 내면 한 끼 식사 대접으로 손색없습니다. 마침 와인 한 병이 있어 한 잔 곁들여 낸다면 금상첨화錦上添花 겠지요.

하지만, 오일과 소금만으로 맛을 낸 제 샐러드도 금상첨화의 샐러드만큼 화려하지는 못해도 절대 뒤처지지 않습니다. 설탕과 지방을 뺐으니, 건강에는 더욱 좋으리라 생각합니다. 설령, 저를 제외한 모든 사람들이 '그래도 새콤, 달콤한 드레싱이 없는 샐러드는 그저 풀 맛과 다를 바가 없나'며 손사래를 친다 하더라도, 저는 이렇게 말하겠습니다.

맛은 내가 느끼기 나름이죠! 드레싱을 뿌려 먹으나, 오일과 소금만 뿌려 먹으나 샐러드라는 것은 변함없지 않습니까? 드레싱이 없어도 샐러드는 샐러드니까요.

샐러드의 맛을 좌우하는 것은 드레싱인 것만은 너무도 확실하지만, 꼭 드레싱이 있어야만 맛을 내는 것은 아닙니다. 새콤, 달콤, 상큼한 맛이 없어도 괜찮습니다. 드레싱에 묻혀 제맛을 내지 못하던 푸릇푸릇 한 잎채소와 자신만의 향기를 확실하게 뿜어내는 허브, 금방이라도 물로 뛰어들 것 같은 싱싱한 유러피안 수경 채소, 그리고 여러 각종 채소들이 고유의 맛을 마음껏 뿜어낼 수 있는 절호의 찬스이니까요.

어떻습니까? 내가 아이가 없다고 나는 부족한 존재라고 생각하시나요? 아이가 있는 내 또래의 여성들과 끊임없이 비교하면서 '그래도 새콤, 달콤한 드레싱이 있어야 내가 완벽해질 수 있어!'라고 생각하지는 않으시겠죠?

드레싱이 있든, 없든 샐러드인 것이 변함없듯, 아이가 있든, 없든 여전히 나는 나로서 존재하며, 그런 나는 충분히 소중하고 귀한 존재라는 것은 변함이 없습니다.

내 안에 있는 각종 채소들이 모두 맛과 향을 마음껏 뿜어낼 수 있도록 나에게 기회를 주세요. '드레싱이 없으니 너는 맛없는 샐러드야!'라며, 아이가 없는 나를 부정적인 시선으로 바라보지 마세요. 그 틀에 나를 끼워 맞추려고도 하지 마세요.

어느 누구도 어떤 기준에 의해 소중함을 평가받을 수 없듯, 당신도 자녀의 유무로 기준을 삼아 당신의 소중함을 평가할 수 없습니다. 당신을 평가할 수 있는 기준은 오직 당신 자신뿐이니까요.

그런 당신은 여전히 소중하고 귀한 존재입니다.

오늘의 '감정 회복 레시피'에는 이렇게 한 줄을 추가할까 합니다.

맛있게 요리하려고 최선을 다했음에도 맛이 없어 실망하셨나요?

괜찮아요. 가공의 맛이 아닌, 재료 천연의 맛을 음미하면 되니까요.

맛은 내가 느끼기 나름이죠!

일상이 재료가 되는

지난해 난임 여성 자조모임을 진행하면서 난임 스트레스를 감소시키는 데 도움이 되었던 것은 무엇이었는지 질문한 적이 있습니다. 모임 참여자들 대부분 여행, 요리, 운동, 종교활동 등 일상에서 할 수 있는 활동들이 도움이 되었다고 합니다.

또 다른 자조모임에서도 같은 질문을 해 보았습니다. 이 모임 참여자들도 역시 친구들과 대화를 나누거나, 자신에게 집중하면서 공부를 하는 등 난임 외에 다른 곳으로 주의를 돌리려 한 것이 도움이 되었다고 답했습니다.

거창하게 시간을 내어 무언가를 하지 않아도 됩니다. 그저 일상에서 소소하게 기쁨을 얻거나 가치로운 일들을 하면서 내 마음과 생각을 환기 시키는 것만으로도 난임 스트레스를 줄일 수 있습니다.

지난해까지 제가 마음이 울적할 때마다 자주 이용했던 일상의 재료는 '식물 가꾸기'였습니다. 식물을 키우니 몸이 바빠졌습니다. 잎들이 골고루 햇볕을 받을 수 있도록 수형을 보면서 이리저리 화분을 돌려주어야 합니다. 또, 창에서 먼 곳에 있는 식물들은 가끔씩 햇볕이 잘 드는 곳으로 옮겨 주어 잘 자라도록 해야 하죠. 그뿐만 아니라 물 주는 시기가 각각 다르니 잘 기억했다가 제때 물을 주어야 합니다.

이렇게 나의 정신과 육체가 하나가 되어 식물을 가꾸는 동안 생각이 느려지는 신기한 체험을 했습니다. 생각이 느려지니, 걱정해야 할 것과 안 해도 될 것이 홍해가 갈라지듯 나누어지는 기적이 일어났습니다. 쓸데없는 걱정이 줄어들면서 생각과 마음이 점점 맑아져 갔습니다. 겨우 높이 10cm도 안 되는 작은 식물들이 저의 탁한 생각을 이집트 병사들과 함께 거대한 바닷속으로 집어넣어 준 덕분에 저는 깊어가는 우울감에서 빠져나올 수 있었습니다. 이 얼마나 감사한 일인지요!

나의 일상을 둘러보세요. 우리는 매일 같은 하루를 보내는 것 같지만, 사실은 그 하루하루가 모여 나만의 특별한 레시피가 되고 있어요. 생각보다 우리 주위에는 많은 돈을 들이지 않아도 소소한 기쁨과 위안을 얻을 수 있는 재료들이 참 많습니다.

정성스럽게 가꾸고 있는 나의 화초에 아침마다 건네는 인사, 카메라 렌즈를 통해 바라보는 석양, 시간 가는 줄 모르게 나눈 친구와의 대화, 지난 제주 여행에서 눈에 담아온 법환포구와 북촌리 마을 벽화, 그리고 어쩌면 그냥 스쳐갔을 순간들까지 그 모든 것이 재료가 될 수 있을 거예요.

내가 좋아하는 재료들이 무엇인지 알아가며, 새로운 것을 시도하는 것도 좋겠지요. 너무 한 가지에만 몰입하는 것보다 나를 더욱 가치롭게 할 수 있는 재료들을 찾는 것도 의미 있을 것 같습니다.

이렇게 찾은 재료들로 맛있게 요리를 해서 먹어 봅시다. 단품 요리든, 일품요리든 모두 좋습니다. 혼자 우아하게 먹어도 좋고, 오붓하게 남편과 단둘이어도 좋겠지요. 때로는 자조모임처럼 여럿이 만찬을 즐기는 것도 괜찮을 것 같습니다.

단, 주의사항은 편식하지 않고, 골고루 먹기입니다.

행복한 만찬 즐기기

지난해 늦가을, 난임 여성 자조모임을 가졌습니다. 첫날이었음에도 주저 없이 각자의 이야기를 풀어 놓기도 하고, 다른 사람의 이야기에 공감도 하며 정말 많은 이야기를 나누었습니다. 준비해 간 프로그램을 반도 진행하지 못할 만큼 이야기를 나누던 그들은 우리에게 주어진 90분의 시간을 훌쩍 넘겨 모임을 끝냈음에도 상담실 밖에서 계속 이야기를 이어갔습니다.

자라온 환경도 다르고, 현재 살고 있는 상황도 다르고, 하는 일도 모두 다른, 심지어 오늘 처음 만난 이 네 명의 여성들이 서로의 이야기에 공감할 수 있었던 이유는 무엇일까요? 맞습니다. 그들에게는 공통된 주제가 있었기 때문이지요. 어디에서도 공감받지 못할 '난임'이라는 이야기를 마음껏 할 수 있는 자리였기에 첫 만남임에도 마음을 개방하는 데 적극적이었을 것입니다. 어쩌면 눈빛만 봐도 그 마음의 무게를 짐작할 수 있지 않았을까요?

난임 여성들은 난임에 대한 이해가 부족한 가족이나 지인들로부터 충분한 이해와 공감을 받지 못한다는 생각에 상처가 되곤 하는데요, 난임 기간이 길어질수록 이러한 상처는 더 깊어지게 됩니다. 깊어진 상처로 관계의 단절이나 소홀함이 생기게 되고, 자연스레 공통 주제를 갖는 난임 여성들과의 모임을 선호하게 되죠.

주로 같은 난임 병원의 자조 모임이나 인터넷 난임 카페, 그리고 카카오톡 오픈 채팅방을 이용해서 난임을 겪으며 받은 상처나 시술 과정에서 경험하는 마음의 어려움 등을 나누기도 하고, 시술에 필요한 정보를 공유합니다. 또 시술에 성공해 임신한 여성들의 사례를 통해 아이를 갖기 위한 노하우를 얻기도 합니다.

때로는 남편과 단둘이, 때로는 하나의 주제로 만나는 여러 사람과 마음을 나눠 보세요. 분명, 나 혼자 느끼고, 생각하는 것과는 다른 무언가가 있습니다. 그 무엇이 누군가에게는 위로가, 또 다른 누군가에게는 용기가 될 것입니다.

혼자라고 생각할 때는 나를 이해하는 사람이 하나도 없다고 느껴질 테지만, 눈을 들어 주위를 둘러보면, 나를 바라보고 있는 눈과 내게 내밀고 있는 손이 많다는 것을 알게 될 거예요. 그러니, 이제 그 눈에 내 시선을 고정하고, 그 손을 잡아 보세요. 도무지 일어설 수 없을 것 같았던 내 몸이 일으켜지는 것을 느낄 겁니다.

당신은 절대 혼자가 아닙니다.

앞으로 나와 함께 할 많은 사람들과 행복한 만찬을 즐기십시오!

4장

늘 함께 하는 마음으로

나를 찾아 길을 떠나는 당신과 함께

당신 감정은 당연한 거예요

사랑하는 당신에게,

혹시 요즘 마음이 복잡하고 힘든가요?
그것이 어떤 감정이든 당신이 느끼고 있는 그대로
괜찮아요.

이번에 성공하면 나도 엄마가 될 수 있겠지?라는 기대
시술이 잘 될까? 실패하면 어떻게 하지?라는 걱정
실패가 나의 잘못 때문인 것 같은 죄책감
그토록 기다리던 아기를 만나지 못했다는 좌절감
영원히 아기를 만나지 못할 것만 같은 불안감

그것이 어떤 것이든,
당신 감정은 당연한 거예요.
슬퍼도 괜찮고, 화가 나도 괜찮고,
지쳐서 아무것도 하고 싶지 않아도 괜찮아요.

너무 애쓰지 않아도 돼요.
눈물을 애써 참지 않아도 되고,

억지로 괜찮은 척하지 않아도 돼요.

가끔은 그냥 그대로 머물러도 괜찮아요.

이 순간, 당신이 어떤 감정을 느끼든,

그 감정들은 자연스럽게 흘러가는 과정일 뿐이에요.

그 감정이 당신을 더 단단하게, 더 깊이 있게

만들어 줄 거예요.

그러니 부디, 스스로를 다그치지 말고, 조금 더

따뜻하게 안아 주세요.

당신은 충분히 소중하고,

당신의 감정도 그 자체로 의미가 있으니까요.

당신의 감정을 존중하는 마음을 담아,

길 위의 친구로부터

당신 잘못이 아니에요

사랑하는 당신에게,

혹시 스스로를 탓하고 있지는 않나요?
임신이 되지 않는 것이 모두 내 책임이고,
잘못인 것 같은가요?

"내가 뭘 잘못한 걸까?"
"엄마가 되기에 부족한 걸까?"
"조금만 더 노력했으면 달라졌을까?"

이런 생각들이 마음 한구석을 무겁게 짓누르고
있다면, 부디 이 말을 꼭 기억해 주세요.

"당신 잘못이 아니에요."

당신이 부족해서도, 잘못해서도 아니에요.
어떤 이유로든, 당신이 감당해야 할 짐처럼
느껴지겠지만, 어느 누구의 잘못도 아니에요.
당신이 혼자 짊어져야 할 문제는 더더욱 아닙니다.

시술이 실패했으니,

분명히 뭔가 잘못되었다고 생각하는 것은 당연합니다.
무엇이 잘못되었는지 확인해 보고, 따져 보아서
다음에는 잘 될 수 있도록 준비하는 것은
필요한 일입니다.
그러나 따져 보아야 할 것은 당신이 아니라
실패의 원인입니다.
시술이 실패한 것이지, 당신이 실패한 것이 아니니까요.
내가 바라는 대로, 노력한 대로 한 번에 성공하면
얼마나 좋겠습니까?
하지만, 그렇게 되지 않는다고 해서 당신의 바람이,
그리고 노력이 모자라거나, 헛된 것은 아닙니다.

잘못의 원인을 나에게서 찾아내지 않았으면 좋겠어요.
당신 잘못이 아니니까요.

당신은 충분히 소중해요.
그러니 더는 스스로를 탓하지 말아요.

당신을 소중히 여기는 마음을 담아,
길 위의 친구로부터

당신 자신을 사랑해 주세요

사랑하는 당신에게,

삶은 종종 우리에게 너무 높은 기대를 요구하거나, 스스로를 비판하게 만드는 순간들을 안겨주곤 하죠. 그럴 때마다 우리는 자신을 가장 냉혹하게 대하기 쉽습니다.

"왜 난 이렇게 임신이 어려운 걸까?"
"다른 사람은 한 번에 성공하는데, 난 왜 이렇게 자꾸 실패할까?"
"나한테 문제가 있는 게 분명해!"
하는 생각들에 빠져들곤 하죠.

하지만 그럴 때일수록 생각을 멈추고 스스로에게 물어보세요.
"나는 나 자신을 얼마나 사랑하고 있지?"
그 질문에 답하는 것이 처음엔 어렵게 느껴질 수 있어요.

하지만 꼭 기억해야 해요.
당신은 마땅히 사랑받아야 할 존재라는 것을요.

당신은 태어나면서부터 소중했고,
지금도 마찬가지예요.
당신이 지금 엄마가 되었든, 되지 않았든
당신은 사랑받을 자격이 있어요.
그 자격은 엄마가 되어야 부여받는 것이 아닙니다.
그저 당신 자체로 충분합니다.

가장 중요한 것은 당신이 당신 자신을
사랑하는 것이에요.
자신을 사랑한다는 것은
실패 없이 엄마가 되기 위해 애쓰는 것이 아니라,
지금 상황을 인정하고 받아들이는 것.
힘들 때 잠시 쉬어가며 스스로를 위로하는 것.
그리고 "나는 충분히 잘하고 있어"라고 스스로에게
말해주는 것입니다.

지금도 충분히 소중한 당신이,

자신에게 더 따뜻해지기를 바라요.

아침에 눈을 뜰 때마다 거울 속 당신에게
미소를 지어주세요.
"오늘도 나를 사랑하겠어"라고 다짐도 함께 하면서요.
처음에는 어색하더라도, 그 다짐이 쌓이면
당신의 마음이 조금씩 달라질 거예요.

세상에는 수많은 사랑이 있지만, 그중 가장
강력한 사랑은 바로 당신 자신을 소중히 여기는
사랑이에요.
그 사랑이 당신을 더 빛나게 할 거예요.

당신은 이미 충분히 소중하고, 사랑받을
가치가 있어요.
그러니 오늘부터, 당신 자신을 조금 더
사랑해 주세요.

사랑받기에 충분한 당신을 응원하며,
길 위의 친구로부터

당신은 혼자가 아니에요

사랑하는 당신에게,

지금 당신은 많은 것을 혼자 감당하고 있다고
느낄지도 몰라요.
매일 시간에 맞춰 약을 먹고, 배에 주사를 놓고,
주기적으로 병원을 가는 모든 과정들이
내가 아니면 할 수 없는 일들로 가득 차
있으니 말이죠.
아무도 나의 마음을 모르는 것 같고,
나 혼자만 힘든 것 같아 속상할 수도 있을 거예요.

혼자 이 모든 과정을 감당하고 있다 보니,
도무지 그 끝을 알 수 없는 어두컴컴한 터널 속에
홀로 서 있는 기분이 들 수도 있을 거예요.

어쩌면,
영원히 그 터널에서 빠져나오지 못하면 어쩌나
무섭고, 겁이 날 수도 있을 거예요.

하지만 당신에게 꼭 전하고 싶은 말이 있어요.
당신은 혼자가 아니에요.
그러니, 혼자 짊어지지 않았으면 좋겠습니다.

혼자라고 느껴질 때에는 한 걸음만 멈춰서서 주위를 둘러보세요.
때로는 익숙함 속에 숨겨진 따뜻함을 발견할 수도 있고, 또 때로는 새롭게 당신에게 손을 내미는 누군가를 만날 수도 있어요.
당신이 손을 내밀 때, 함께 걸어갈 사람들이 분명히 있다는 걸 잊지 마세요.

그리고 무엇보다,
당신 곁에 영원한 동반자가 있다는 걸 기억해요.
이 막막한 터널을 남편과 함께 두 손 맞잡고 잘 빠져나올 수 있기를 바라요.

당신이 느끼는 외로움과 불안을 모두 덜어낼 수는 없겠지만,
이 편지가 당신에게 작은 위로와 용기를 줄 수

있기를 바랍니다.

당신의 마음을 위로하며,

길 위의 친구로부터

당신은 강하고 멋진 사람이에요

사랑하는 당신에게,

오늘 나는 당신에게 꼭 해주고 싶은 이야기가 있어요.
당신은 강하고, 이미 멋진 사람이라는 걸
알아주었으면 해요.

난임이라는 여정을 걸어가며 때로는 자신을 의심하고,
"내가 잘하고 있는 걸까?"라고 생각할 수도 있겠죠.
하지만, 이 여정을 선택하기까지 대단한 용기가
필요했던 만큼 당신은 강한 사람이고,
지금 눈부시게 잘해내고 있어요.

강하다는 건 결코 흔들리지 않는 완벽함이 아니에요.
강하다는 건 무너질 때에도 다시 일어나려는
의지를 가지는 것이고, 두렵지만 한 걸음씩
앞으로 나아가는 용기를 선택하는 거예요.
당신이 지금 해내고 있는 모든 작은 발걸음들이
바로 그 증거랍니다.
그리고 멋지다는 건 단순히 외적인 모습에만
있는 게 아니에요.
아기를 기다리는 열망, 그 열망을 향한 크고
작은 용기들, 그리고 지금 나에게 주어진 기회들을
통해 그 열망을 이루려는 노력이야말로
당신이 강하고 멋진 사람이라고 말해주고 있답니다.

혹시 이번의 시술로 힘이 들고 지쳤다면
잠시 쉬어도 괜찮아요.
쉼은 포기가 아니라, 더 멀리 나아가기 위한
지혜로운 선택이니까요.
그러니 스스로를 다독이고 말해주세요.

"나는 이미 충분히 강하고 멋진 사람이야."

앞으로 당신이 중요한 결정을 해야 할 순간을
만난다 해도 두려워하거나 걱정하지 마세요.
당신이 지금까지 보여줬던 그 용기가,
그 강함이 당신을 도울 거예요.

오늘도 내일도,
언제나 당신의 곁에서 응원할게요.
당신이 빛나고 있다는 걸 잊지 마세요.

강하고 멋진 당신을 응원하며,
길 위의 친구로부터

당신은 특별한 존재예요

사랑하는 당신에게,

세상에는 수많은 사람들이 있지만,
그중에서도 당신은 단 하나뿐인 특별한 사람입니다.

당신만의 생각, 당신만의 감정, 당신만의 이야기,
세상 어디에서도 당신과 같은 모습은
찾아볼 수 없죠.

어쩌면 지금 이 순간,
"내가 정말 특별한 존재일까?"라는 의문이
들지도 모르겠어요.
삶 속에서 때로는 평범하게 느껴지고,
때로는 남들과 비교하며 스스로를 작게 느낄 때가
있을 테니까요.
하지만 그런 순간에도 당신이 가진 고유함은
결코 사라지지 않아요.

당신의 미소, 당신이 건네는 부드러운 시선,
당신만의 방식으로 사랑하는 사람들을
아끼는 마음...
그 모든 것이 당신을 특별하게 만들어 준다는
것을 알고 있나요?
당신이 세상에 존재함으로써 누군가에게는

하루를 살아갈 이유가 되고, 힘들었던 순간을
버틸 수 있는 한 줄기 빛이 되었을지도 몰라요.

당신이 겪은 모든 순간들
-기쁨과 슬픔, 성공과 실패, 사랑과 상실-
그 모든 것들이 당신을 지금의 당신으로
만들어 주었어요.
그리고 그 모든 것들이 모여 당신의 특별함을
만들어 내고 있답니다.
세상에 단 하나밖에 없는 특별한 존재,
당신을 위해서 말이에요.

그러니 자신을 더 많이 사랑해 주세요.
당신이 가진 특별함을 믿어주세요.
당신의 이야기는 아직 끝나지 않았고,
앞으로도 당신만이 쓸 수 있는 특별한 이야기들이
당신의 삶에 가득 채워질 거예요.

부디,
당신의 특별함을 잊지 않았으면 해요.

그리고 이 말을 마음에 새겨두었으면 좋겠어요.

"나는 이 세상에서 단 하나뿐인, 특별한 존재다."

당신의 특별함이 더 빛나길 바라는 마음을 담아,
길 위의 친구로부터

당신은 여전히 가치 있고 소중해요

사랑하는 당신에게,

혹시 요즘 마음이 조금 무거운가요?
노력한 만큼 시술이 성공적이지 못하다고 스스로를 책망하고 있나요?
그렇다면 꼭 기억해 주세요.
당신은 여전히 충분히 소중해요.

무엇을 이루었든, 또는 이루지 못했든,
당신의 가치는 변하지 않아요.
세상이 당신에게 요구하는 모습이나 기준에

부합하지 않는다고 해도, 당신이 얼마나 소중한 존재인지는 달라지지 않아요.
당신의 따뜻한 마음, 진심 어린 노력,
그리고 당신이 존재하는 그 자체가 이미 충분히 특별하답니다.

때로는 임신을 못하는 내가 아내로서,
며느리로서, 또는 딸로서
역할을 제대로 못하는 것처럼 보여 마음이 힘들 수도 있을 거예요.
어쩌면, 여자로서 더 이상 가치가 없다고 여겨질 수도 있습니다.

하지만, 그것이 당신의 가치를 바꿀 수는 없습니다.
지금까지 그 길을 걸어오며 당신이 흘린 눈물,
견뎌낸 시간들, 그리고 여전히 아기를 만나고자 하는 그 마음이 얼마나 소중한지 아나요?

나를 향한 무심한 눈빛과 모진 말들을 참고 견디며,
용기 내어 한발 한발 도전하듯 걸어 온 그 삶들이

당신이 충분히 가치 있고 소중한 존재라는 것을
증명하고 있어요.

나의 삶에서 무가치감을 느낄 때,
이렇게 말해 보세요.

"나는 여전히 나 자신으로서
충분히 가치 있고 소중해."

당신이 오늘 느끼는 감정들-성공이든 좌절이든-,
그것들은 모두 당신이 소중한 여정을 걸어가고
있다는 증거입니다.
결과가 어떻든, 당신의 노력과 마음은
그 자체로 가치가 있어요.

내가 당신에게 말하고 싶은 건 이것뿐이에요.
당신이 지금 어떤 모습이든,
이전에도 그랬고, 지금도 그러하며,
앞으로도 여전히 충분히 가치 있고
소중한 존재라는 걸 잊지 마세요.

가치 있는 당신과 같이 가길 바라는 마음을 담아,
길 위의 친구로부터

당신은 충분히 잘하고 있어요

사랑하는 당신께.

혹시 오늘도 스스로를 채찍질하며
"내가 더 잘해야 하는데"
"이 정도로 부족한 건 아닐까?"
"왜 나는 이것밖에 못할까?"
하고 고민하고 있나요?
그렇다면 잠시 숨을 고르고, 제 이야기를 들어주세요.

당신은 충분히 잘하고 있어요.
완벽하지 않아도 괜찮고, 때때로 흔들려도 괜찮아요.
이미 당신은 최선을 다하고 있고,
그 자체로 충분히 대단한 사람입니다.

세상은 때로 우리의 마음을 조급하게 만들고,
더 노력해야 한다고 다그치지만,
사실 지금의 당신 그대로도 충분히 소중한 존재예요.
누군가의 기대를 맞추려 애쓰기보다,
스스로를 조금 더 따뜻하게 안아주면 어떨까요?

오늘은 당신 스스로에게 이렇게 말해주면 좋겠어요.

"괜찮아, 네가 걸어가는 속도 그대로도 좋아."
"애쓰고 있는 너를 나도 알고 있어."
"대단해, 충분히 잘하고 있어."
"더 잘하려고 안 해도 돼."

부디, 스스로를 조금 더 믿어주세요.
그리고 무엇보다 당신 자신을 소중히 여겨주세요.

소중한 당신을 존경하는
길 위의 친구로부터

당신의 선택을 존중해요

사랑하는 당신에게,

당신이 어떤 결정을 내리든,
나는 그 선택을 존중합니다.
그것이 쉽지 않은 길이라 해도,
남들이 이해하지 못할 선택이라 해도,
나는 당신이 스스로를 믿고 내린
그 결정을 응원합니다.

살아가며 우리는 수많은 갈림길 앞에 서게 되죠.
때로는 그 선택이 우리의 삶에 큰 변화를
가져오기도 하고, 때로는 그 무게가 너무 커서
잠 못 이루는 밤을 보낼 때도 있어요.

시술이 실패하고 난 후에도
여전히 당신은 선택을 해야만 하죠.
다음 시술을 계속해야 할지, 잠시 쉬어야 할지,
아니면 이것으로 모든 시술을 끝내야 할지.

어떤 선택을 했든 무엇 하나 쉬운 결정은
없었을 거예요.
하지만, 당신은 현명한 선택을 했을 겁니다.
당신은 지혜롭고, 현명한 여성임을 잘 알고
있으니까요.

당신도 분명 많은 고민과 생각 끝에
지금의 결정을 내렸을 거라 믿어요.
당신의 선택에는 당신만의 이유와 이야기가
담겨 있겠지요.
그 누구도 완벽히 이해할 수는 없겠지만,
그 선택이야말로 당신이 가장 진실하게
내린 답이라는 걸 믿어요.
나는 당신이 얼마나 신중하게 고민했고,
얼마나 용기 있게 결정을 내렸는지 알기에
그 선택을 존중하지 않을 수 없어요.

혹시 앞으로의 길이 예상보다 더 험난하거나,
선택에 대한 의심이 생기더라도 괜찮아요.

우리가 선택한 길이 항상 옳고
완벽할 필요는 없으니까요.
중요한 건 당신이 그 선택을 통해 성장하고,
자신을 더 사랑할 수 있는 방향으로
나아가려 했다는 점이에요.

나는 언제나 당신 편이에요.
당신의 선택이 무엇이든, 그 선택을 지지하며,
그 길에서 당신이 느낄 기쁨과 도전,
그리고 모든 감정을 함께하고 싶어요.

당신이 자신을 믿고 내린 선택은 이미
아주 소중하고 아름답습니다.
그러니 스스로를 믿어도 좋아요.
당신의 선택이 당신의 삶을 더 나답게 만들어
줄 거라는 걸 나는 믿어요.

당신을 선택을 지지하는
길 위의 친구로부터

당신의 노력은 그 자체로 아름다워요

사랑하는 당신에게,

오늘의 삶은 어떠셨나요?

시간에 맞춰 약을 먹고, 주사를 놓는 것.
건강한 몸을 만들기 위해 운동을 하며,
매 끼마다 건강한 식사를 하는 것.
제로웨이스트를 실천하며,
수면의 질을 높이는 등 건강한 생활을 하는 것.
아기를 만나기 위한 이 모든 노력들이
일상이 된 당신의 삶은 평안한지요?

오늘의 삶을 살면서 얼마나 많은 마음과 시간을
노력에 쏟았는지 궁금합니다.
그 과정이 얼마나 힘들고,
또 때로는 버겁게 느껴졌는지도요.
하지만 그 모든 순간 속에서도,
당신은 한 걸음 한 걸음,

나의 소중한 아기를 만나기 위해 나아가고 있었죠.
당신은 그렇게 멋진 사람이라는 사실을 잊지 마세요.

당신의 노력은 그 자체로 너무나 아름답습니다.
때로는 결과가 당신의 기대와 다를 수도 있고,
좌절과 상실감을 느꼈을 수도 있을 겁니다.
어쩌면, 스스로를 부족하다고 느낄 때도 있을 거예요.

하지만 결과에 따라 나의 노력이 평가되는
것은 아니에요.
당신이 무언가를 진심으로 원하고,
그 목표를 위해 끊임없이 애쓰는 그 과정 자체가
얼마나 소중하고, 얼마나 빛나는지 말해 주고 싶어요.

당신이 흘린 땀과 눈물,
그리고 간절한 마음은 결코 헛된 것이 아닙니다.
그것은 당신이 얼마나 사랑이 가득한 사람인지,
그리고 당신의 삶이 얼마나 열정으로 가득한지를
보여주는 증거입니다.
언제나 당신은 결과를 알 수 없는 그 길을 묵묵히

걸어가고 있습니다.
그것만으로도 당신은 충분히 멋진 사람입니다.

혹시 주변에서 당신의 노력을 쉽게
평가하려는 사람이 있다면,
그들의 시선에 흔들리지 않기를 바랍니다.
진정으로 중요한 것은,
당신이 그 과정에서 얼마나 진심을 다했는가
하는 것이니까요.

때로는 쉬어가도 괜찮아요.
노력하는 과정에서 지쳤다면,
잠시 숨을 고르고 자신을 다독이는
시간도 필요합니다.

지쳤다는 것은 나약함을 뜻하는 것이 아닙니다.
그만큼 당신이 열정을 다해 노력했다는 것이고,
진심을 다했다는 증거이지요.
그렇게 잠시 숨을 고른 후 당신이 다시 걸어갈 때,
그 길은 더욱 단단한 발걸음으로 채워질 거예요.

당신의 노력은 결과와 상관없이 아름답습니다.
그 모든 과정이 충분히 가치 있고 소중합니다.
그러니 부디 스스로를 자랑스럽게 여겨 주세요.
당신의 이야기를 듣는 모든 사람은,
당신의 용기와 노력에 감동할 거예요.

당신의 아름다운 노력을 사랑하는,
길 위의 친구로부터

당신의 자존감 회복을 응원합니다

사랑하는 당신에게,

요즘 스스로에 대해 어떤 생각을 하고 있나요?
혹시 나의 노력이 충분하지 않다고
느끼고 있진 않나요?
그렇다면 오늘 이 편지가 당신의 마음속
깊은 곳까지 닿길 바라요.

세상은 때때로 우리를 그들의 잣대로 비교하고,

평가합니다.

우리의 목소리에 귀 기울여 줄 의지도 없으면서
우리를 제멋대로 판단하고, 함부로 이야기합니다.

그들의 힘에 눌려 당신은 스스로를 작고
부족하게 느끼며,
목소리를 내 볼 마음조차 갖지 못하죠.
마치 바람에 흔들리는 갈대처럼,
그들의 말에 휘둘리면서 말이죠.

당신을 다른 시선으로 바라보고,
위로라며 건네는 목적 없는 말들로
당신을 함부로 대하는 그들에게
당신의 마음을 내어주지 마세요.
대신, 이것을 기억해 주세요.
당신은 그 어떤 비교나 평가 속에서도
소중한 존재라는 사실을요.
당신의 가치는 어떤 결과나 외부의 시선으로
절대 바뀌지 않아요.

자존감은 자신을 믿는 힘,
그리고 자신을 소중히 여기는 마음에서 시작되지요.
나는 당신 안에 그 힘이 있다는 걸 믿어요.

당신의 자존감 회복을 응원합니다.
당신은 이미 충분히 가치 있는 사람이고,
세상에 하나뿐인 특별한 존재인 것을
믿기 때문입니다.

실패에만 나의 에너지를 쏟아붓지 않았으면
좋겠어요.
삶 속에서 이루었던 나의 성공도 바라봐 주세요.
이미 잘 해온 나의 다른 것들에 더 집중해 보세요.
'난임'으로 지치고 힘들 때,
나의 열망이 실패로 꺾였을 때,
그리고 실패가 반복될 때, 당신을 자책하지 마세요.
당신이 자신을 소중히 여기는 힘을 가지고
있음을 기억하세요.

당신의 자존감을 키워갈 수 있는 것들을

떠올려 보세요.

나를 흐뭇하게 여길 만하거나, 자랑스러워할 만한 것들을 말이에요.

그리고 스스로를 칭찬해 주세요.

"나는 내가 생각하는 것보다 훨씬 멋지고 대단한 사람이다."

라고요.

나는 당신이 지금까지 해온 모든 노력을 존중하고,
앞으로 당신이 나아갈 길을 응원합니다.

당신이 자존감을 키워가는 모습을 떠올릴 때마다
내 마음도 함께 따뜻해진다는 것 알고 있나요?
지금까지도 잘 해왔지만,
이전보다 더 자신을 아끼고, 사랑하고,
존중해 주세요.
당신은 충분히 그렇게 할 능력이 있습니다.

당신의 자존감이 회복되길 소망하며,
길 위의 친구로부터

당신의 여정을 축복합니다

사랑하는 당신에게,

당신이 걸어가고 있는 이 난임의 여정을 생각하면,
그 길 위에 얼마나 많은 이야기와
감정이 담겨 있을지 상상이 됩니다.
때로는 기대와 설렘으로 가득 차기도 하고,
때로는 불안과 슬픔이 함께 하기도 했을 거예요.
그 모든 순간들을 지나오며 여기까지 걸어온
당신을 떠올리면,
내 마음은 존경과 응원으로 가득해집니다.
당신의 여정을 진심으로 축복합니다.

삶의 여정은 모두에게 고유합니다.
당신의 길은 오직 당신만이 걸을 수 있는
특별한 여정이고,
그것은 그 자체로 아름답습니다.
그 길 위에서 당신이 마주하는 모든 순간은
당신을 더 단단하게 만들고, 당신만의 고유한

빛을 더해 주고 있어요.

어떤 날은 길이 너무 멀게 느껴지거나,
어둠으로 가득 차기도 하고,
또 어떤 날은 그 끝이 보이지 않아
힘들 때도 있겠죠.

하지만 기억해 주세요.
그 여정은 단지 '임신'이라는 하나의 목적지만을
위한 것이 아니라,
당신이 그 안에서 성장하고, 새로운 것을 발견하며,
더 깊은 자신을 만나는 과정이라는 것을요.

당신이 지나온 길 위에는 이미 당신의 열망과 용기,
그리고 수많은 노력들이 흔적으로 남아 있어요.
그 흔적들 또한 당신이 얼마나 열심히 살아
왔는지 보여주는 중요한 삶의 조각들이고,
특별한 당신만의 것입니다.

당신의 여정을 진심으로 축복합니다.

나는 당신이 이 여정을 통해 스스로를 더 사랑하고,
더 자랑스럽게 여길 수 있기를 진심으로 바랍니다.
그 길 끝에 마주하게 될 당신은,
당신이 꿈꾸는 모습과 닮아 있기를 소망합니다.

당신의 여정을 축복하며,
길 위의 친구로부터

나를 찾아 길을 떠나는 당신과 함께

사랑하는 당신께,

지금 당신은 스스로도 설명하기 어려운 길을
걷고 있겠지요.
때로는 '나'라는 존재를 찾는 길이기도 했다가,
때로는 '난임'이라는 상황 앞에서 길을 잃기도
할 거예요.
이 길은 남들과 다를지도 몰라요.
때로는 너무 멀게 느껴지고,

때로는 너무 험하게 느껴질 수도 있겠지요.

하지만 당신이 가는 걸음 하나하나는 의미가 있고,

그 자체로 소중한 여정입니다.

혹시 그 여정에서 혼자라고 느낄 때가 있다면

기억해 주세요.

당신은 혼자가 아닙니다.

이 길에서 함께 걷고 있는 사람들이 있고,

당신의 마음을 이해하고 응원하는 이들이 있습니다.

그리고 나도, 당신과 함께합니다.

조급해 하지 않아도 괜찮아요.

나를 찾아가는 그 아름다운 길 위에서

어떤 감정을 느끼든, 어떤 경험을 하든,

그 모든 것이 당신만의 이야기로 남을 거예요.

그러니 부디 자신을 잃지 않기를,

그리고 무엇보다도 스스로를 소중히 여기기를 바라요.

이 길 끝에서,

당신의 소중한 여정이 빛을 발하길,

당신의 걸음이 그 빛을 받아 더욱 빛나길,

그리고 조금이라도 더 가벼운 마음으로

걸을 수 있기를 바라며,

그 길 위에서 마음을 다해 응원합니다.

이 편지를 마치며,

당신의 길 위에 따뜻한 햇살과 부드러운 바람,

그리고 잔잔한 위로가 늘 함께 하길,

그 길 위에 새겨질 당신의 발걸음 하나하나마다

생명을 주관하시는 신의 축복이 임하시길

기도합니다.

나를 찾아 길을 떠나는 당신과 함께

✿ 마치는 말

오랜 세월 비바람에 깎이고 패이기를 반복하며 구멍 나고, 뾰족해진 바위처럼, 생채기 난 당신의 한없이 여리고 여린 작은 마음에 머물러 있는 비바람이 잦아 들기 바라며, 제가 가진 모든 것을 쏟아 내어 이 책에 눌러 담았습니다.

시작은 난임 여성을 위한 위로와 공감의 메시지를 써 보자는 것이었지만, 막상 이야기를 풀어가다 보니 오히려 제 마음이 위로받는 시간이었습니다.

이야기를 풀어 내면서 참 많은 생각과 감정이 오고 갔습니다. 귀로만 듣던 이야기를 한 자 한 자 옮겨 적다 보니, 그들의 마음이 제 안에 더 깊이 내려 앉는 것을 느낍니다. 이 마음 그대로, 새로운 만남을 가질 그들의 이야기에도 경청하고, 공감하고, 위로하려 합니다.

우리의 만남이 서로에게 기쁨이 되고, 회복이 되길 바랍니다. 부디 새로운 나를 찾아 부드러우나, 강한 자아로 성장하길.

아직도 아이가 없다는 것에 마음이 휘청거리며, 영원히 아이가 없을 것 같은 불안감에 잠을 이루지 못하는 당신에게, 온통 아이 생각에 나의 존재감마저 잃어버린 당신에게 이 책을 드립니다.

"이 책이 세상 밖으로 나올 수 있도록 자신의 이야기를
흔쾌히 내어 주신 모든 난임 여성분들께
깊은 감사를 전합니다.
저의 상담일지 안에 갇혀 있었을 이 이야기들을 통해
같은 마음을 가진 분들에게 '함께'라는 따뜻함을
드릴 수 있었습니다.
그리고,
마음을 모아 이 책을 읽어 주신 모든 분들께
진심으로 감사를 드립니다.
읽어주시는 분이 없었다면 이 이야기는 그저 넋두리에
불과했을 것입니다.

부디, 이 작은 책이

불덩이라도 기꺼이 품어낼 줄 아는 제주 법환포구의

너른 바다와 같길 소망합니다.

감사합니다."

난임 스트레스를 맛있게 요리하다

감정 회복 레시피

1판1쇄 2025년 4월 28일

저자 황혜련
발행인 이경화

발행처 디자인21
주소 04560 서울특별시 중구 퇴계로 293-1 3층
전화 02-2269-6561(대)
팩스 02-2269-6568
이메일 21publish@naver.com
블로그 https://blog.naver.com/publish21
인스타 https://www.instagram.com/21publish.co.kr
홈페이지 https://21publish.co.kr

등록번호 제1-1128호
등록일자 1991.2.12

ISBN 978-89-6131 177-9 03180

정가 16,000원